Editorial Ledoria

Desaforado amor por la palabra

CUATRO CALLES
Revista toledana de cultura para nuevos tiempos

Nº 29. SEGUNDO TRIMESTRE DE 2024

DIRECTOR Jesús Muñoz Romero
COLABORADORES
Alejandro Vega
Ángel Santos Vaquero
Antonio Martín Salamanca
Hilario Rodríguez de Gracia
Jesús Fuentes Lázaro
Miguel Larriba
Miguel Ángel Cánovas
Paco Maeso
Santiago Sastre

Diseño y maquetación:
Equipo de editorial Ledoria

I.S.B.N.: 978-84-19887-34-4
Depósito Legal: TO-162-2024

© De la edición: Editorial LEDORIA
* C/ Fuente del Moro, n. 6, Toledo
* C/ Conde de Casal, núm. 47
Las Ventas con Peña Aguilera (Toledo)
Teléfono: 925 25 13 81
Correo electrónico de contacto:
info@editorial-ledoria.com

Ilustración de portada: *Vista de San Juan de los Reyes*, de Ventura Leblic
Ilustración de contraportada: *Un ovni se posa sobre el Alcázar de Toledo* (2024), de I.A. Zunzunegui.

Publicidad:
admin@editorial-ledoria.com
www.editorial-ledoria.com

SUMARIO Junio 2024

«Toledo, que de mágicos jardines
cercada eleva su muralla altivano guardada
de fuertes paladines,
ornada sí de juventud festiva:
Allí, entregado a espléndidos festines,
Rodrigo, alegre y descuidado, liba
copas de néctar de fragancia pura
al deleite brindando y la hermosura».

José de Espronceda
El Pelayo (1839)

El hospital de San Antón de los Escribanos y su compleja cesión a los frailes alcantarinos

HILARIO RODRÍGUEZ DE GRACIA

La sociedad española tuvo una visión social dominante durante siglos. Consistió en vincular la condición de pobre con el propio derecho de recibir limosna y otras ayudas asistenciales. Las ciudades no sólo fueron centro de contratación y concentración del poder, sino que tuvieron un papel de centros humanitarios en momentos de crisis de subsistencias. Sus calles pasaban entonces a ser asientos excepcionales para pedir limosna, implorando en su acción requisitoria «el amor de Dios», un complemento verbal que debía proporcionar al donador beneficios para la vida eterna.

Para hacer llegar ese socorro existían entidades, sobre todo gremiales, que amparaban a sus asociados, aunque en momentos de crisis olvidaban ciertas obligaciones contraídas, a la par que existían cofradías dedicadas a realizar prácticas asistenciales, entre ellas sostener los centros de curación —hospitales de la Misericordia o el del Rey— o facilitaban hospedaje a peregrinos y otros desvalidos. Los hospitales, en su principio, fueron casas de acogida donde acudían a refugiarse tanto enfermos como pobres, personas que no podían obtener el sustento cotidiano ni siquiera mediante la mendicidad. Desde un planteamiento caritativo, los mencionados centros tomarían en la ciudad de Toledo dos nombres para distinguir su finalidad asistencial: hospitales, cuyo objetivo consistió en servir de establecimiento de curación, y hospitalitos, en realidad casas de hospedaje para pobres y peregrinos. Aquella infraestructura hospitalaria presentó tres modelos, grandes centros curativos surgidos de arzobispos o mujeres de noble condición social, como el Hospital de Santa Cruz, San Juan Bautista o el de la Misericordia; centros de mediana

entidad, como el Hospital de los Mercaderes, más conocido como de San Nicolás, más otros centros pequeños, como el Hospitalito de los Santos Pedro, Miguel y Bartolomé, el de San Ildefonso, Madre de Dios, Santa Ana, San Andrés o el de la Estrella, etc.

Aquella actuación de amplio entronque benéfico estuvo relacionada en su aparición con un claro designio espiritual, cuyo desarrollo auspició la Iglesia y los monasterios. No obedeció a la casualidad que los canónigos del templo catedralicio detrajesen de sus ingresos anuales una cantidad aleatoria con el fin de socorrer a los pobres, enfermos y peregrinos que acudían a las puertas de los edificios religiosos de forma periódica e institucionalizada, como fue el caso del reparto alimenticio llamado *pan del Cabildo*. Otros centros tuvieron una estrecha vinculación con las entidades gremiales y con las cofradías. Así sucedió con el llamado Hospitalito de San Antón, sufragado con una escasa aportación crematística de los escribanos toledanos y de cuyos inicios apenas se saben cuatro detalles. Una circunstancia que hace crecer tanto hipótesis como interrogantes, frente a unas respuestas cada vez más limitadas.

El establecimiento conocido como Hospital de San Antón estuvo ubicado en el enclave parroquial de San Miguel, casi pegado al Alcázar, en una «*domus*» llamada *la Leonera* en el siglo XV. Tal denominación tuvo un significado peyorativo, ya que en ella «*no mora nadie excepto que se hacen juegos de dados y otras cosas no debidas y aborrecibles a Dios*». Un inmueble que, en una época imprecisa, figuró con el nombre de Corral de los Leones. Sería por el año 1469 cuando el rey Enrique IV cedió la finca a la cofradía religiosa de los escribanos, la cual tenía como advocaciones a los santos Antón y Urbán. Santos protectores que figuraban en los azulejos colocados en las pocas casas propiedad del Colegio, cuyo fin era certificar su pertenencia. Una de aquellas baldosas la arrancó en un arrebato el licenciado Francisco de Palma, casado con María Sotelo, de cuya afrenta tuvo que responder judicialmente.

Volviendo a los orígenes, sobre su germen hay un documento que contiene algunas referencias vá-

«El Hospital de San Antón estuvo ubicado en el enclave parroquial de San Miguel, casi pegado al Alcázar».

lidas para rastrear los comienzos. En él se dice que los profesionales de la pluma recibían una casa denominada *la Leonera* gracias a una transferencia real. Donación aceptada por los escribanos al estar movidos por ciertas dotes de altruismo, de tal forma que, al hacerse cargo de ella, quedaban obligados a convertirla en hospital para pobres y peregrinos y contribuir con los fondos necesarios para su mantenimiento.

«*Ovieron tomado e tomaron la posesión dellas para la dha. cofradia con yntención y propósito de fazer edificar en ellas un hospital para rezibir los pobres, la qual posesión diz que ellos tienen y que me suplicaban e pedían por merced e por el servicio de dios que les hiçiese merced de las dhas. casas para que mi licencia y mandato fuese fecho e edificado el dho. hospital. E yo considerando esto ser servicio de dios, e por quitarlo de los dos juegos de dados e los otros malos inconvenientes e escándalos que dello se sigue e pueden seguir, e de los malos usos que en la dha. casa diz que se hazían falta a que úbelo por bien. E por la presente os fago merced de mi propio motiuo para agora y para siempre jamás de las dhas. casas que así diz que*

«Los acogidos obtendrían en aquel inmueble descanso, alivio y paz dentro de las posibilidades económicas y organizativas de la cofradía».

están junto al dho. mi alcázar real, que se dizen y llaman del corral de los Leones a la dha. cofradía y cofrades de san Antón de los Caballeros que se celebra en la dha. yglesia de san Miguel para que sean suyas con las entradas y salida, y con todas sus pertenençias para siempre jamá, para fazer en ellas el dho. hospital donde los dhos. pobres sean acogidos por servicio de dios y por bien de la dha. cofradía y cofrades della, con condiçion de que no pueden vender, ni cambiar, ni trocar, ni enagenar con ninguna persona de qualquier estado...».

Los acogidos obtendrían en aquel inmueble descanso, alivio y paz dentro de las posibilidades económicas y organizativas disponibles de la cofradía en cada momento, compromiso de cesión que los escribanos aceptaban con las condiciones establecidas. En el ámbito de las suposiciones, cabe intuir que la cifra monetaria inicial con la que contribuían resultó suficiente para mantener los fines caritativos. Aportaciones que fueron disminuyendo al paso del tiempo hasta quedar reducidas a una cifra insignificante. De tal precariedad hay referencia precisa en una de las juntas celebrada por los colegiados y cofrades en los primeros días de enero de 1578. Habían pasado un poco más de un centenar de años desde la cesión, y los entonces mayordomos rogaban a los nuevos profesionales de la pluma su obligación por incorporarse a la cofradía, sin escabullirse, con el fin de solventar la penuria de fondos necesarios para sostener al hospital. Entre los medios que poseyó tal hospital para su sostenimiento estaban unas casas que proveían de una donación, las cuales mandó vender el inquisidor Fernando Mazuecos en el año 1496. Un personaje controvertido al tomar partido en las Comunidades por el arzobispo Acuña. Auspiciado por el cardenal Cisneros fue inquisidor del tribunal de Toledo y canónigo doctoral de la catedral.

Resulta paradójico que aquel hospitalito dedicado al santo Antón, a pesar de tal ahogo económico, estuviera en unas condiciones aceptables todavía en 1595. Por aquel tiempo ya no ofrecía alojamiento a los transeúntes para que repararan sus fuerzas. Sí seguían pernoctando los franciscanos cuando venían a Toledo para cualquier tipo de cura, sobre todo cuando era preciso acudir a sanar al hospital de Santa Cruz. Este establecimiento sería fundado por el cardenal Mendoza, hijo de Íñigo López de Mendoza, cuya administración llevó el Cabildo catedralicio a través de un rector. Su función fue encargarse de la crianza de los expósitos hallados en la piedra de la Santa Iglesia, a la vez que sirvió de hospital general para no contagiosos durante un largo espacio temporal de más de un siglo.

Lo cierto es que aquel inmueble de San Antón, orillada su primigenia utilidad asistencial, era imposible de vender o permutar. Y es que cualquier decisión que los escribanos tomasen al respecto era como tener sobre su cabeza una espada de Damocles, porque lo convenido con el rey Enrique IV en el momento de aceptar la donación les impedía sustituir o conmutar tanto la casa como la dedicación asistencial. Hay un testimonio, de entre la

«Lo cierto es que aquel inmueble de San Antón, orillada su utilidad asistencial, era imposible de vender o permutar»

escasa información que puede recuperarse sobre el inmueble, que aporta el historiador toledano Francisco de Pisa en su descripción sobre la parroquia de San Miguel. Dice así:

«Otro (hospital) *de San Antón en el qual se congregan en colegio los escribanos del número desta ciudad a elegir oficiales cada un año y repartir sus suertes, aunque de algunos años a esta parte entiendo se juntan en la iglesia de San Román y dexando desocupado el hospital de San Antón, que sirve de enfermería para los padres de S(an)to Francisco descalços por la incomodidad que tiene su casa y monasterio, que es extramuros, para el regalo de los enfermos».*

La orden franciscana, otro de los actores de aquel triángulo, mantuvo cuatro fundaciones masculinas en la ciudad, unos conventuales y otros observantes. Los primeros en llegar, allá por el año 1240, iban a establecerse

en el paraje de la Bastida, donde construyeron un convento modesto titulado de San Antonio. Desde allí bajaban a la ciudad a pedir limosna, única forma permitida por su regla para obtener ingresos por tener prohibido adquirir bienes productivos a través de rentas seguras. Alguno de los cronistas toledanos cuenta que, antes de nada, fueron a establecerse intramuros y obtendrían un espacio que utilizaban para construir sus celdas, el claustro y la iglesia en una zona urbana nombrada ahora Concepción Franciscana. Aquí permanecían hasta trasladarse al monasterio de San Juan de los Reyes. Contraponían un problema de división antes de producirse el cambio, debido, según cuentan los cronistas de la Orden, a la relajación de la regla. Hecho que influyó para que un grupo seguidor de la antigua norma optase por apartarse de sus antiguos compañeros y hacer una nueva profesión que se denominó «observancia». Sus seguidores estaban necesitados de aislamiento y volvían a su primitiva ubicación en la Bastida, como anotó Porres, instalándose en terreno que pertenecía a varios particulares. Allí empezarían a levantar la segunda fundación, si bien no finalizó tal duplicidad de conventos franciscanos en Toledo hasta 1501, cuando volvían a concentrarse los observantes y los conventuales en San Juan de los Reyes.

Por lo que respecta a los franciscanos alcantarinos, aquellos que pretendían instalarse en el Hospital de San Antón, hay que decir que fue un movimiento reformista surgido en Extremadura por parte de un grupo de frailes seguidores de fray Juan de Guadalupe. A él le concedía el papa Alejandro VI, en 1496, permiso para fundar un eremitorio, además de las facultades para recibir novicios. Observantes y alcantarinos sostuvieron continuas reformas y enfrentamientos, sumándose a ellas fray Pedro de Alcántara con el propósito de insuflar aire nuevo al viejo tronco de la Orden. No pretendía orillar la rígida observancia pero sí revalorizar el espíritu de oración en un estilo contemplativo de tintes eremíticos. Por tal razón, más en concreto a partir de 1562, existían dos provincias franciscanas, los observantes, integrados en la de Castilla, y los descalzos o alcantarinos, que formaban la de San José. Los primeros obtenían el sello y la denominación original de la Orden a partir del año 1517, mientras los otros quedaban supeditados a ellos y mantenían la subordinación hasta su desaparición en 1567.

Los frailes alcantarinos llegaban al espacio geográfico toledano allá por el año 1557. Entonces no contaban con posibilidades de hallar acomodo intramuros. Tal es así que optaron por instalarse en un paraje llamado «Trigueros», situando a media legua de la ciudad, lugar que también era conocido como «La Veguilla», una localización por encima del arroyo de Regachuelo, junto a la unión de aquel con la vaguada de la Teja, junto al batán de la Rosa. Por aquel lugar, un tanto inhóspito, pasó la calzada romana que desde Toledo se dirigía a Oretum y, desde esta ciudad, a Andalucía. El inmediato arroyo, en época de lluvias, provocaba continuas inundaciones y esa fue la causa de aspirar los regulares a ubicar su casa dentro de perímetro urbano de Toledo.

Los testimonios sobre los contactos mantenidos por los escribanos y frailes son más bien es-

«Los frailes alcantarinos llegaban al espacio geográfico toledano allá por el año 1557. Entonces no contaban con posibilidades de hallar acomodo intramuros»

casos. A la hora de interpretar su interés por acomodarse en la ciudad y huir de la soledad del campo hay que fijarse en el plan que ponían en marcha. Consistió, primero, en justificar los inconvenientes. Uno de ellos era la inundación continua del cenobio, algo que sucedió en 1576, hasta el punto de tener que trasladar al Santísimo. Las aguas que procedían de la vaguada de Las Nieves subían hasta media vara en 1585, igual que ocurrió en el año 1590 y en 1604. Como segunda dificultad, los franciscanos aducían la necesidad de trasladarse a la ciudad para cualquier acción curativa. Una asistencia que proporcionó el Hospital de Santa Cruz, aunque había quedado muy reducida, «ante la necesidad de los tiempos», a principios del siglo XVII. Los médicos de la ciudad, para más escarnio, esquivaban desplazarse hasta la residencia conventual. Las dos partes, esto es, escribanos y monjes, vieron como la solución pasaba por convenir la cesión de algunas estancias en el Hospital de San Antón con el fin de acomodarlas como aposentamiento a los regulares. El camino de una inmediata instalación en la ciudad por parte de los frailes ya estaba trazado.

Toledo ofrecía por entonces una imagen religiosa. Estaba llena de simbolismo y con la carga representativa de ser una ciudad conventual por la abundancia de religiosos regulares, aunque no menos significativo era el número de individuos seculares. Convivían tanto en intramuros como extramuros un total treinta y ocho conventos, femeninos y masculinos, varios de los cuales habían visto la luz gracias a fundaciones sufragadas por los miembros de la nobleza, aparte de varias comunidades de beatas, entre ellas la de Santa Mónica, la de la Misericordia, la Vida Pobre y las intituladas de San Pedro.

No menos considerable era la presencia de personajes de la nobleza y un amplio abanico de mercaderes y personajes ricos, muchos de ellos con ganas de donar parte de su fortuna a cambio de ser sepultados en un recinto que reviviese su memoria. Resultaba dificultoso, pues, que pudiera vivir una comunidad conventual de la limosna, en especial en épocas con escasez de donativos o cuando crecía el número de pobres y pedigüeños, receptores de una profunda conmiseración, al ser aceptada la desigualdad como un elemento inherente a la propia naturaleza humana. Aquellas fundaciones, de «mujeres para mujeres» acogían a quienes se apartaban del mundo para vivir sin la tutela masculina, generalmente viudas, adscritas a un nivel social acomodado, cuyo sustento conseguían con el trabajo de sus manos. Por otro lado, la beneficencia era un servicio público, pero

> **«Aquellas fundaciones de 'mujeres para mujeres' acogían a quienes se apartaban del mundo para vivir sin la tutela masculina, generalmente viudas adscritas a un nivel social acomodado»**

quienes hicieron frente a ello serían las instituciones eclesiales. Durante los siglos XVI y XVII surgían diversas formas de abordar el auxilio de los pobres, ente ellas la tesis de Domingo de Soto, que trató sobre el libre ejercicio de la caridad cristiana, mientras Miguel Giginta hacía intentos para establecer las casas de caridad, y Cristóbal Pérez de Herrera auspiciaba la instalación de albergues.

Queda por explicar una tercera cuestión. Está en relación con el establecimiento de los frailes alcantarinos en el interior de la ciudad, ya que, sea como fuere, el rey Felipe III les permitió, a los intitulados *Gilitos*, trasladarse intramuros el año 1606. Un cambio que discurrió por la siguiente senda. Las dificultades para hallar un emplazamiento dentro de casco urbano por parte de los conventuales eran enormes y no es extraño que, ante tales impedimentos, aceptasen el ofrecimiento de los cofrades de San Antón para instalarse en el hospitalito. Ambas partes firmaban un documento el 10 de octubre de 1609, donde quedó claro que los titulares privativos, es decir, los escribanos, prestaban a los franciscanos unos habitáculos del recinto hospitalario. Era una parte reducida de la casa, la cual ya venían utilizando como enfermería. Los alcantarinos, por lo demás, debían gastarse una buena suma antes de instalarse en aquel inmueble. Algo que no les convencía, dado que no tenían intención de pasar muchos años allí. No eran ignorantes. Sabían de los problemas que conllevaba su aceptación debido al consentimiento que hicieron los cofrades al recibir el inmueble de manos del rey Enrique IV.

El acuerdo suscrito con la realeza, por sintetizar, impedía cambiar o vender el hospitalito, traba que incluyó cualquier sustitución de su uso. Ante tal tesitura era preciso buscar ciertas triquiñuelas para que el negocio llegase a buen puerto. Los frailes, puestos a ello, solicitaban autorización real. Era concedida sin inconvenientes con fecha 3 de octubre de 1609. Tal concesión les abría una amplia panorámica para cambiar la casa. La mudanza necesitaba de otro protagonista, en este caso ese lugar lo iban a ocupar los Niños de la Doctrina, institución de tutela para niños marginados, cuya casa aspiraban a tener los franciscanos con la pretensión de levantar aquí su nueva morada. El contenido de la petición, en parte, es como sigue:

«Por parte de fray Domingo de Santa María, guardián del monasterio de los descalzos franciscanos nos ha sido hecha relación que los religiosos dél están de prestado en la casa que llaman de la cofradía de san Antón, questá debajo de la protección del Colegio de los escrivanos por merced que les hizo

«El acuerdo suscrito con la realeza impedía cambiar o vender el hospitalito. Ante tal tesitura, era preciso buscar ciertas triquiñuelas para que el negocio llegase a buen puerto»

> *«Ahora contaban con la autorización que les permitía realizar cualquier cambio dentro del enclave urbano. Sin embargo, precisaban sortear la condición impuesta por el rey»*

---

della el sr. rey Don Enrique para un hospital, que servía de leonera del Alcázar, como consta en el traslado del privilegio que della tienen. Y que movidos de la piedad los dichos escrivanos, aplicaron la dicha casa para enfermería del dicho convento, en la qual para labrarla y acomodarla para dho. ministerio se an gastado mas de dos mil ducados de limosnas ofrecidas a los religiosos, y que en ella está de presente toda la comunidad con mucha estrechura e incomodidad y poca autoridad y reverencia del culto divino».

La susodicha carta real formó parte de un plan de cierto alcance. Implicó a frailes y ayuntamiento, quienes meses antes habían llegado a un acuerdo. Ahora contaban con una autorización que les permitía realizar cualquier cambio dentro del enclave urbano. Sin embargo, precisaban sortear la condición impuesta por el rey Enrique IV. Una cesión en usufructo cuyo fin originario pasaba por el apremio de utilizar el recinto sólo para el refugio de los necesitados. El vocablo presenta ciertas acepciones para quienes carecían de lo necesario para vivir. Una de ellas permitía incluir a los denominados Niños de la Doctrina; de hecho, eran muchachos sin techo donde cobijarse, mantenidos por el ente concejil y albergados en una casa del Ayuntamiento que estaba situada en la parroquia de San Cipriano.

La realeza obvió los inconvenientes, hasta tal punto de que equiparó a unos y otros en el mismo estadio de parvedad. Un consentimiento que permitió alisar los impedimentos para la permuta del inmueble dedicado a santo Antón por el situado en la parroquia de San Cipriano, ya ocupado por los doctrinos. Por cierto, aquel edificio estaba incluido dentro de los propios concejiles, aunque servía de hospedaje a los muchachos doctrinos. Desde los órganos gubernamentales, por otro lado, quedó claro que el acuerdo no trasgredía la inmemorial providencia real y podía cumplirse: *«con la voluntad que tubo el rey Don Enrique de que la casa sirviese para recoger po-*

bres y que, aunque el Colegio de los escribanos, muestra deseos de darla para el dho. efecto, se halla algo impedido con el tenor de la dha. merced y privilegio por ponersele en cierta pena si dispusiese del dho. hospital».

Una vez que se hubo pactado el cambio comenzó la reestructuración del espacio llamado Corral de los Leones. La primera actuación consistió en el derrumbe del antiguo edificio, no sin antes consultar a varios expertos técnicos, entre ellos a Juan Bautista Monegro, a los alarifes Juan de Orduña, Mateo Sánchez y Juan Martínez Encabo, maestro de albañilería, en quien recayó la realización del proyecto del nuevo convento. La edificación requería de un espacio formado por quince casas, integradas en las de los doctrinos, en su mayor parte propiedad del regidor Alonso de Cisneros, además de otras adquiridas por el donante Francisco de Herrera. Los franciscanos contarían para su remodelación con la bendición de la dignidad mitral de Sandoval y Rojas y la aceptación unánime del ayuntamiento de la ciudad. Los hermanos Juan y Francisco de Herrera harían frente al compromiso económico, cuyo tope de gasto quedó fijado en la suma de 16.000 ducados. Cifra que aportaban los mecenas a cambio de disponer de un enterramiento en la iglesia.

El primero que contrató al Greco en España quiso ser enterrado sin pompa

El deán de la catedral de Toledo Diego de Castilla ha pasado a la historia, entre otras cosas, por haber sido la primera persona que encargó en España un trabajo al Greco, concretamente las pinturas para los retablos de la iglesia de Santo Domingo el Antiguo. Bajo el pavimento del templo, señalada con una lápida que hoy pasa casi desapercibida, se encuentra su tumba, humilde para alguien que llegó a ejercer como titular *de facto* de la

poderosa diócesis de Toledo en ausencia forzada del arzobispo Carranza, preso de la Inquisición. Unos días antes de su muerte, ocurrida en Toledo el 7 de noviembre de 1584, hizo testamento en el que dispuso lo siguiente sobre cómo se le había de enterrar:

«El día que muriere me detengan hasta que sea de noche, y en anochecido, con sola la Cruz de la parroquia y clérigos de ella solos, me lleven a enterrar, y mis criados lleven mi cuerpo metido en ataúd, cubierto con un paño negro con sus hachas, sin que haya otro llamamiento de gentes, porque esta es mi voluntad, y la misma es que a nadie se dé luto ni le traiga por mí, y en lo que toca a los oficios, misas y vigilias de aquél día y novenario y cabo de año, lo remito a mis albaceas, con que estos días no haya sermón, ni se exceda en el gasto del que se suele hacer por un clérigo particular».

Dos visitas a Toledo contadas en verso

MIGUEL LARRIBA

A finales del siglo XIX y comienzos del XX, el fenómeno turístico en España era ya una realidad bastante consolidada que, entre otras cosas, se reflejaba en multitud de noticias, crónicas, artículos y reportajes en la prensa. Su lectura era muy deseada por un público que, mayoritariamente, no se sentía motivado a viajar y prefería «moverse por el mundo» desde la comodidad del sillón de su casa.

La visita a Toledo era una de las opciones más demandadas por los incipientes turistas, atraídos, desde luego, por la riqueza histórica y monumental de la ciudad, pero también motivada, en gran medida, por su proximidad a la capital de España. A partir de 1858, con el establecimiento de la línea del ferrocarril, estos viajes se multiplicaron hasta llegar a hacerse casi imprescindibles para cuantos artistas, literatos, historiadores, docentes e intelectuales en general tenían arraigo en Madrid o estaban allí de paso.

De entre la multitud de testimonios sobre visitas a Toledo en estos años, nos vamos a detener hoy en dos, cuyos protagonistas fueron sendos escritores, poetas y periodistas muy conocidos en su día en sus respectivos ámbitos, pero hoy completamente olvidados por la mayoría de los ciudadanos que, en todo caso, los asocian con las calles que llevan sus nombres: Sinesio Delgado en Madrid y Luis Cordavias en Guadalajara.

El primero no era madrileño, pues había nacido en la localidad palentina de Támara de Campo en 1859, pero llegó a la capital de España con 21 años de edad y allí se estableció para el resto de su vida. Su padre, médico rural, había intentado que el muchacho siguiera sus mismos pasos profesionales, pero si bien terminó la carrera de medicina, la auténtica vocación de Sinesio Delgado fue la literatura y a ella se dedicó con verdadero ahínco, hasta el punto de llegar a convertirse en uno de los escritores más fecundos del último tercio del siglo XIX y primero del XX.

Aficionado a la poesía desde muy joven, ya como estudiante en la facultad de medicina de Valladolid se distinguió por su facilidad para componer versos, sobre todo de carácter festivo. También fue un meritorio autor teatral y un incansable columnista en periódicos y revistas, tanto de España como de Hispanoamérica. Entre los méritos de su currículum destaca el haber sido uno de los pioneros en la creación de la Sociedad General de Autores y Editores (SGAE).

Recién llegado a Madrid comenzó a publicar en el semanario ilustrado *Madrid Cómico*, de tono satírico, castizo y festivo, que años más tarde terminaría dirigiendo y del que llegaría incluso a ser propietario. La publicación alcanzó un enorme éxito, tanto en Madrid como en el resto de España, y muchos de los escritores del momento, que luego habían de sobresalir en muy diferentes géneros, colaboraron en ella, como Emilia Pardo Bazán o Leopoldo Alas *Clarín* que firmaba una leidísima sección de crítica literaria.

Madrid Cómico fue tomado como modelo por otras publicaciones españolas, una de la cuales surgiría en la vecina ciudad de Guadalajara a iniciativa de nuestro segundo protagonista: Luis Cordavias.

Había nacido en la capital alcarreña en 1873 y con tan solo 14 años entró a trabajar en la imprenta provincial, donde se sintió motivado por la escritura en general y el periodismo en particular. Fruto de ello y de sus inquietudes políticas, en 1891 fundó, con un grupo de compañeros, la revista *Miel de la Alcarria*, a imitación precisamente de *Madrid Cómico*, pero con suerte bien distinta, ya que sólo alcanzó a publicar los seis prime-

«Escritores, poetas y periodistas muy conocidos en su tiempo, hoy completamente olvidados y sólo asociados a las calles de Madrid y Guadalajara que llevan sus nombres»

Sinesio Delgado y Luis Cordavias

ros números. Este fracaso no fue causa de desaliento y tres años más tarde se lanzaba, con otro amigo, a un nuevo proyecto periodístico: el semanario *Flores y abejas* que, a partir de 1912, dirigió él hasta su desaparición al comienzo de la guerra civil. Esta misma cabecera reaparecería en los años 50, llegando a convertirse en el periódico decano de la provincia alcarreña, cuya estela tuvo continuidad precisamente con otra titulada *El Decano de Guadalajara*, que hoy se continúa publicando como diario digital.

En 1896 Luis Cordavias estuvo a punto de marchar a Madrid para trabajar como periodista en el periódico *El Globo*, que había adquirido el conde de Romanones, muy vinculado a Guadalajara, pero este traslado se frustró y el puesto que inicialmente se le había ofertado fue para otro. Diez años más tarde tuvo también oportunidad de ir la redacción de *El Imparcial* en Madrid, pero en esta ocasión fue él quien rechazó la invitación que se le había hecho. Se frustró de este modo, quizá, la circunstancia de que nuestros dos personajes hubieran coincidido y desarrollado sus respectivas carreras en la capital de España. Sin embargo, esto no pudo ser y cada uno alcanzó su justa fama en las respectivas ciudades donde se asentaron y desarrollaron sus exitosas carreras profesionales.

Identificados, pues, nuestros personajes, vayamos a situarlos entre los intelectuales y gentes de letras que por esos años gustaron de hacer viaje a Toledo, no sólo por el puro placer de disfrutar los encantos de nuestra ciudad sino para glosar luego sus vivencias en algo que era muy habitual ver en la prensa de entonces: comentarios, reflexiones y hasta noticias redactadas en forma de versos que parecían encontrar en las columnas de los periódicos su mejor escaparate.

Así, tanto uno como otro dejan constancia de sus respectivos viajes turísticos en rimas sencillas, festivas, sin pretensiones poéticas, concebidas sin duda para agradar a un público heterogéneo, lector habitual de la prensa, pero que revelan tanto ingenio como facilidad para plasmar

> **«Dejan constancia de sus viajes turísticos a Toledo en rimas sencillas, festivas, sin pretensiones poéticas, hechas para agradar a su público»**

en verso sus impresiones de forma efectista, sin preocuparse en ajustar la métrica o la estrofa a los cánones en uso.

Llegan uno y otro a Toledo en ferrocarril, el medio de locomoción más moderno de la época y, en consecuencia, el más utilizado también por el incipiente turismo, a pesar de su lentitud e incomodidad que Sinesio certifica resignado. Por su parte, Cordavias, que sólo alude a la monotonía del paisaje que aprecia a lo largo del camino, prefiere poner el foco en la segunda incomodidad añadida del viaje: la que suponía el desplazamiento desde la estación al centro de la ciudad en los incómodos carruajes que prestaban este servicio a precios desmesurados. Anota también, a su paso por el puente de Alcántara, el detalle de los vigilantes de abastos que allí efectuaban el control de las mercancías que entraban en la ciudad para evitar aquellas no permitidas y exigir el pago del correspondiente impuesto por las que sí lo eran.

Sinesio Delgado viene a Toledo en 1885, en pleno invierno, y, naturalmente, el intenso frío adquiere un protagonismo que se hace presente a cada paso y en cada testimonio. Luis Cordavias, por el contrario, lleva a cabo su

Zocodover a finales del siglo XIX. Foto de Rafael Garzón. A.M.T.

viaje, veintitrés años más tarde, en verano, y aquí parecidas sensaciones se dejan notar, esta vez alusivas al sofocante calor. El primero viene acompañado por varios amigos de los que sólo identifica a Ramón Cilla, su gran colaborador y excelente dibujante en *Madrid Cómico*, encargado de ilustrarle sus composiciones en verso o en prosa. Es posible que Cordavias tampoco hiciera el viaje en solitario, aunque no comenta nada al respecto. Sí coinciden ambos en sus alusiones a las mujeres toledanas, lo que lleva a pensar que aquellas excursiones, aparte de la motivación cultural que debemos suponer, tenían un componente festivo donde la presencia del sexo femenino era recibida siempre no sólo con agrado sino con verdadero entusiasmo, y su ausencia, por el contrario, daba lugar a mal disimulada frustración. En una y otra desigual circunstancia se vieron cada uno de nuestros viajeros. Cordavias muestra abiertamente su alegría ante la contemplación de las bellas toledanas y Delgado, que debió de encontrar las calles desiertas a causa de las horas tardías y del intenso frío, alude a la leyenda becqueriana de las *Tres fechas*, donde el poeta romántico muestra su fascinación ante la visión fugaz de un rostro femenino asomado a una ventana; algo que, declara con ironía, él no tuvo la suerte de disfrutar siquiera. La juventud de ambos (26 años tiene Delgado, 35 Cordavias) y la circunstancia de hallarse en otra ciudad, lejos de sus habituales ambientes, sin duda les lleva a desinhibirse.

Por lo demás, Sinesio muestra sin disimulo el desencanto y hasta cierta incomodidad en su deambular por la ciudad histórica, donde no parece encontrar sino tópicos que no satisfacen sus expectativas, en buena parte por el intenso frío que convierte en recurrente *leitmotiv* de su relato versificado y donde sólo salva la impresión fugaz, también con un punto de ironía, que le produce la visión de un Cristo alumbrado por un farol.

Muy recurrente es también la alusión a la fonda del Lino, donde él y sus compañeros hacen alto para comer. En la época, este era quizá el establecimiento hostelero más popular y visitado, a pesar de sus carencias, que da a entender sin entrar en detalles. Recordemos, de paso, que fue este el negocio más antiguo en

su especialidad, pues se mantuvo en servicio hasta 1988 cuando cerró sus puertas, como hotel, y poco después fue demolido el edificio que ocupaba en la calle de Santa Justa, esquina a la de la Plata.

El periodista alcarreño, por su parte, hace una mención recurrente de los lugares más conocidos, entre los que destaca también algunos establecimientos hosteleros, como el Café Suizo, que abría sus puertas en la plaza de Zocodover; el popular mesón del Sevillano, con el que entonces se identificaba la posada de la Sangre, y el lujoso hotel Castilla, que había sido inaugurado dieciocho años antes en la plaza de San Agustín, y donde se alojaban todos los que, con mayores posibilidades económicas, visitaban la ciudad.

Es de hacer notar también el detalle, que llama su atención en el interior de la catedral, de las turistas inglesas sorprendidas por la presencia del perrero, encargado de estos animales que se soltaban por la noche para garantizar la seguridad del templo ante posibles robos.

Los versos de Sinesio Delgado vieron la luz el 26 de diciembre de 1885, en el semanario *Madrid Cómico*.

TOLEDO

Fui con diez caballeros,
artistas verdaderos,
amigos míos todos, buena gente,
un escultor (Susillo), un dibujante,
poetas, mejorando lo presente;
pintores y un Mecenas muy galante.
El tren que va a Toledo
no es un tren de verdad, es un remedo
de tortuga, o cangrejo o cualquier cosa.
incómoda, pesada y perezosa.
Llegamos, eso sí; poquito á poco
se llega a cualquier parte.
Mis compañeros me tenían loco
y embriagado en la atmósfera del arte,
y así, al pasar el puente
a la luz de luna,
ante aquel espectáculo imponente,
recuerdos de otro tiempo y de otra gente
que acabó por desgracia o por fortuna,
estuve por subirme a las almenas,
que parecían monstruos desde abajo,
y luchar con las huestes agarenas,
cuyas sombras flotaban sobre el Tajo.
Llegamos a la fonda de don Lino,
donde nos dieron pan, merluza y vino,
y a ver la catedral. Eran las doce
y hacía un frío atroz... Pero eso es nada
para el que encuentra un goce
viendo una torre gótica escarchada.
Yo, helado, dije pestes de los godos,
que labraron la piedra berroqueña,
y los restantes convinieron todos
en que yo tengo el alma muy pequeña.
Toledo es delicioso. Rinconadas,
callejones estrechos sin salida,
muchas encrucijadas

y oculto humildemente en su escondrijo,
un farol alumbrando un crucifijo.
Lo malo es que lo vimos a las siete,
que es hora intempestiva en cualquier parte,
y se queda el bigote hecho un sorbete...
¡Oh!, la emoción del arte.
Quisiera hablar aquí de las mujeres;
pero eso ¡que si quieres!
yo no sé cómo son las toledanas
y me pasé unas ganas.
Recuerdo una leyenda que refleja
de Bécquer el talento soberano,
y se inspiró en Toledo, en una mano
que apareció una vez tras una reja.
Fue suerte, para alivio de sus males,
si no comió en la fonda de don Lino
ni le enseñaron ternos parroquiales
y se encontró ese rastro femenino!
Yo, si vuelvo a Toledo,
¡ya me contentaría con un dedo!

Ilustraciones de Cilla para los versos de Sinesio Delgado en *Madrid Cómico*

el Zoco, el Miradero
y el anchuroso Tajo.
Y como todo llega,
el domingo pasado,
dejando de la Alcarria
los amarillos campos,
salí para Toledo
henchido de entusiasmo,
porque al fin y a la postre
iba a ver realizado
mi deseo constante,
mi anhelo extraordinario.
Desde Madrid, el viaje
tiene pocos encantos;
el paisaje es monótono;
unos terrenos áridos,
desprovistos de arbustos
y de verde alfombrado.
En Algodor se observa
la presencia del Tajo;
es allí más alegre,
más poético el cuadro,
y cerca de Toledo
crece nuestro entusiasmo
al ver aquella vega
y aquellos altozanos
y observar el Alcázar
en lo más elevado,
como testigo mudo
de siglos que pasaron.
Se monta en unos coches
que allí están esperando,
y por cincuenta céntimos,
precio nada barato,
de la estación al Zoco
van las mulas trotando
y subiendo una cuesta,
¡que ni la del Calvario!

Por lo que respecta a los versos de Luis Cordavias, como ya se ha indicado, aparecieron publicados en el periódico *Flores y abejas*, subtitulado *Semanario festivo, literario y de noticias*, el 21 de junio de 1908, precedidos de un antetítulo que rezaba: «Mis viajes»

UN DÍA EN TOLEDO

*Era mi afán constante
desde hacía unos años
ver la imperial Toledo,
su Virgen del Sagrario,
la Catedral famosa
con sus soberbios claustros,
el Alcázar, la Vega,
sus puentes legendarios,*

Hay que pasar un puente
tendido sobre el Tajo,
con dos puertas magníficas
y un ojo exagerado;
por eso allí, sin duda,
están los del resguardo,
para tener mucho ojo
y evitar contrabandos.
Zocodover es sitio
sumamente animado;
allí, cuando se llega,
si es día de descanso,
se ven muchos cadetes
y no pocos paisanos
y se ve el Cuartelillo
y un soberbio urinario;
(¡me parece que observo
cuando voy a algún lado!)
Desciende usted del coche,
y como en el verano
en la imperial Toledo
se achicharran los pájaros,
a refrescar al Suizo,
por más que a mí, soy franco,
me pareció el refresco
sencillamente un caldo.
Desde allí a la Primada,
al monumento sacro
donde tantas bellezas
creó el arte cristiano;
donde los ventanales,
las figuras de mármol,
las esbeltas pilastras
y los góticos arcos,
producen sensaciones
y goces no soñados,
y donde las inglesas,
flexibles como espárragos,

contemplan al perrero
igual que a un bicho raro.
La capilla muzárabe
con su hermoso mosaico,
el coro, las pinturas
que se ven en el claustro,
la puerta del Mollete
con el terrible cuadro
del niño de la Guardia
fieramente inmolado;
todo, todo es grandioso,
todo hace pensar alto
y entonar alabanzas
a los tiempos pasados.
No acabaría nunca
de expresar mi entusiasmo
si hablase del Alcázar,
del Círculo y Teatro,
de San Juan de los Reyes,
del Miradero mágico,
desde donde se admiran
las riberas del Tajo,
del típico e histórico
Mesón del Sevillano
y el Hotel de Castilla,
magnífico palacio
donde hospedarse solo
pueden los potentados.
Y queda para lo último
lo que más me ha gustado,
lo que me ha producido
allí más entusiasmo:
sus mujeres hermosas
de ojos grandes, rasgados,
y el mazapán riquísimo,
el que a Toledo ha dado
más fama que a mi tierra
los bizcochos borrachos.

En el estudio de Paco Rojas

JESÚS FUENTES LÁZARO

Vean, vean, vean. Lean, por si les resultara útil este texto, para comprender la amplia obra de Paco Rojas. El escrito se acerca a una interpretación mínima de una obra amplia. Se narra un proceso creativo que, como en el río de Heráclito, todo fluye, nada es igual, pero es el mismo río, caudaloso en las épocas de lluvias, más reducido en los estiajes. El cambio y la transformación, sin perder la identidad personal, son el impulso creativo de la obra de Paco Rojas, que abarca desde el primer cuadro que salió de su paleta hasta la última pintura-escultura del toledano.

Adentrarse en el estudio de Paco Rojas, en pleno centro histórico de Toledo, supone aproximarse a un enclave estratégico en la trama urbana de la ciudad antigua. El estudio se sitúa al lado de la iglesia del Salvador, la capilla de Santa Catalina, el Taller del Moro, el palacio de Fuensalida y cerca, muy cerca, de las sinagogas, el museo del Greco y el insondable «Entierro», en la iglesia de Santo Tomé. Los testimonios simbólicos de una historia local que comprende una parte de la historia nacional.

En un estudio como el de Paco Rojas es posible imaginar que, para construir la obra que este hombre ha hecho, ha tenido que experimentar vidas diversas. Así que aceptemos el reto. Imaginen una trayectoria histórica que coincide con su trayectoria vital y su recorrido artístico. Supongan que llegó a Toledo tras la dispersión que ocasionó la destrucción de Jerusalén en el año 63 a.C. por el general Pompeyo. Una parte de los presos judíos que sobrevivieran a la destrucción y a la esclavitud se desplazarían con los militares licenciados de la campaña para afincarse en una pequeña ciudad bien fortificada de Iberia. Allí, al contrario que en Babilonia o Egipto, encontra-

> *«En un estudio como el de Paco Rojas es posible imaginar que, para construir la obra que este hombre ha hecho, ha tenido que experimentar vidas diversas»*

rían un trozo de la tierra prometida en la que afincarse. De ese grupo, que fue creciendo con lo años, surgiría un narrador e iluminador de la Torá que mantendría a la comunidad unida a sus tradiciones. No se llamaría como se llama ahora, pero sería el mismo que es en la actualidad.

Pero continúen suponiendo y supongan que no ocurrió así y fue de otra manera. Llegó con los primeros conquistadores romanos que convertirían a la ciudad en el centro radial de las comunicaciones de la Península. En aquella comunidad se desempeñaría como constructor, diseñador de murales, desgraciadamente perdidos, escultor de dioses y hombres y especialista de las coloridas teselas de las casas romanas. Supongan que, con la entrada de los visigodos en la historia, y su establecimiento en Toledo, debió ejercer como escribano e intérprete en los actos festivos y religiosos de los Concilios de Toledo. Conocería al bizantino Kosmas, llegado a Toledo (entonces decían Toletum) para narrar los intensos debates teológico-políticos sobre la «Naturaleza del Hijo». Kosmas había sido enviado por Basilio, su tío, celoso representante en la península de los intereses de Bizancio. Lo cuenta el escritor Juan Perucho en su novela *Las aventuras del caballero Kosmas*. Durante su permanencia en Toledo, Kosmas, un sabio de tradición helenística, enseñaría a los impresionados visigodos el arte y la técnica de confeccionar autómatas como los que le acompañaban y que desfilaron en procesión por las calles de la ciudad, donde se celebraba el Tercer Concilio definitivo en el devenir posterior de los visigodos. Seguro que también enseñó a Paco Rojas las reglas de la «mecánica matemática» y los «elementos básicos» de la «cibernética», una ciencia ocultísima y custodiada férreamente en los infiernos. Y, cómo no, los secretos de las pinturas bizantinas, cuyas obras desgraciadamente también han desaparecido. La cultura visigoda ha sido una herencia cruelmente expoliada.

Tras la derrota de Rodrigo por la traición de los «witizanos» y

no por otras razones como cuenta la leyenda, en Toledo se asentaron los primeros árabes y moradores de los montes. Muy pronto la ciudad de los visigodos empezaría a cambiar su fisonomía urbanística para recrear un hábitat como el del las ciudades del norte de África. Mezquitas, escuelas, tiendas de diversas actividades y gremios, especulación mobiliaria para dar lugar a otra ciudad. En ella el constructor Musa ibn Alí dejaría su huella en la traza definitiva de la ciudad. Cualquiera que se cruzará con él por las calles creería ver una cara conocida muy semejante a la figura actual de Paco Rojas.

Vean a ese toledano, que se parece a Paco Rojas, en las aulas itinerantes de la Escuela de Traductores y atiendan a sus trabajos de copista y traductor que conformaría con el paso de los años la «Lingua Tholetana», en crecimiento y desarrollo. Siglos más tarde se le conocería como idioma castellano. Pero antes contemplen a los conquistadores francos que acompañan a Alfonso VI con técnicas innovadoras de construcción de templos, con nuevas orientaciones de la poesía caballeresca y expertos en arte del tapizado. Y llegaríamos al final del rastro histórico de Paco Rojas con la presencia del Renacimiento en Toledo, cuyas técnicas arribaron importadas por Juan de Borgoña, bajo el mecenazgo del cardenal Cisneros.

Fue en ese puerto del Renacimiento en el que Paco Rojas dejaría de acumular saberes y de vagar por la Historia para afincarse definitivamente hasta nuestros días en la pintura moderna. Las reencarnaciones aquí contadas se fundamentan en la teoría de Delphine Horvilleur que sostiene que «*cada uno de nosotros tiene muchas vidas, no sucesivas, sino trenzadas como hilos que se cruzan a lo largo de la existencia*». O como en el siglo XVI expresaría el pintor, denominado El Greco, en su afamada pintura «El entierro del conde (¿señor?) de Orgaz». En el

«Vean a ese toledano, que se parece a Paco Rojas, en las aulas itinerantes de la Escuela de Traductores y atiendan a sus trabajos de copista y traductor que conformaría con el paso de los años la «Lingua Tholetana»

cuadro el pintor cretense presenta el tiempo como un proceso único. Las capas sucesivas del tiempo (pasado, presente y futuro) configuran un presente sin principio ni fin que, por su evolución cósmica, debe desembocar en «*la cuarta dimensión*» que es, por otro lado, lo que persigue con su obra, denominada en su última etapa «abstracción surrealista», el creador Paco Rojas.

Construir cosas

Paco Rojas es pintor, es escultor y es escritor, aunque lo que quiso, desde la infancia, era ser arquitecto. Construir cosas. De ahí su predilección, en los años de madurez, por la construcción de formas, geometrías y volúmenes con pinturas u objetos variados. Según el autor sostiene, de viva voz o por escrito, en un momento de crisis de producción, buscando nuevas maneras de expresión, descubrió, tras diversos ensayos, un material que se prestaba, por su ductilidad y manejabilidad, a cualquier forma, por muy complicada que fuera. Se conoce como masilla de carrocero, empleada en los talleres de reparación de automóviles. La experimentación con este material, humilde, flexible y maleable le abría un universo de expre-

sión y comunicación que en la pintura tradicional no había encontrado. Era algo así como hallar la piedra filosofal. El sueño nunca satisfecho de encontrar un material inexistente en nuestro universo que reemplace al resto de materiales.

A partir del descubrimiento se lanzó al empleo de ese material junto con otros, igual de humildes o desechables: el papel, el vidrio, cartones, escayolas, estructuras óseas y cuanto consideraba útil para expresar un torbellino de ideas e imágenes que, en su mente, no dejan de fluir. Pero además del proceso de creación continua, Paco Rojas escribe para documentar con palabras lo que refleja en sus composiciones. Explica su proceso creativo que comienza con un punto inicial pequeño para ir extendiéndose como la expansión sin límites de las galaxias.

En diferentes catálogos, editados con motivo de las exposiciones realizadas, él mismo describe sus procedimientos, sus dudas, sus titubeos en la concreción de lo que quiere expresar, su trabajo incesante hasta que considera una obra terminada. Lo cual no deja de ser un convencionalismo, porque para él una obra nunca tiene final. De ahí que las formulas empleadas, en un espacio aislado, se presenten como sucesiones de conceptos que dan lugar a una serie de soportes (cuadro) que no son otra cosa que la evolución fraccionada de su pensamiento.

La idea de escribir sobre su obra la ha culminado en un libro seminal, titulado *Los siete pilares del arte*. En el libro, de 182 páginas, Paco Rojas repasa la historia del arte según su interpretación, y le sirve para perfilar las claves de su obra. Por los escritos en los catálogos y en este libro nos aproximamos a la actividad de un creador inquieto e incansable. Razona la evolución del arte en general y la acompasa al ritmo de su propia evolución. Su

«*Para él una obra nunca tiene final. De ahí que las fórmulas empleadas se presenten como sucesiones de conceptos que dan lugar a una serie de soportes que no son otra cosa que la evolución fraccionada de su pensamiento*»

obra siempre es única y siempre distinta. Teoriza sobre el «eclecticismo», que le resulta un concepto esencial en cualquier proceso creativo. Parte de la dialéctica clásica en la que una tesis engendra una antítesis, y de la oposición entre ambas nace un pro-ducto nuevo que llamamos síntesis. En esa dialéctica esquemática inscribe sus obras Paco Rojas. En ellas ahora ya, al contrario de lo que sucedía en sus primeras obras, el cuadro es el lugar en que los objetos y las formas adquieren visibilidad, color, textura, volumen, sentimientos, comunicación, mensaje.

Comprobarán que hasta el momento no he dado ninguna referencia biográfica personal, de fechas, de premios, de reconocimientos, de exposiciones, de la presencia de sus obras en museos y galerías de arte. ¿A quién le pueden interesar estos datos menores, cuando el gran reto consiste en aproximarse a su obra para «aprehender» el significado oculto y explicito de su labor creadora? Su evolución, sus etapas, los premios, las exposiciones, se encuentran escritas en sus publicaciones. Y son muchas, abundantes y variadas. Y en ellos pueden consultar sus datos quienes estén interesados. O en los textos escritos por divulgadores como Jesús Muñoz.

Más complicado es entender el alcance de esa obra que nunca es la misma, pero que contiene

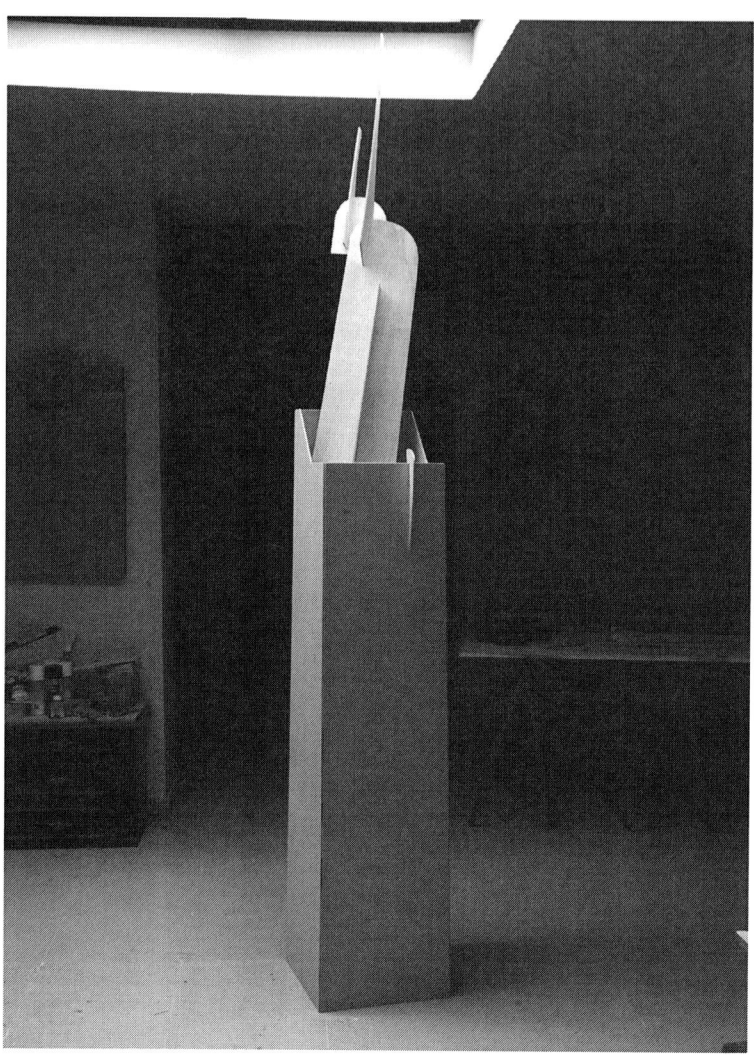

los elementos básicos de su personalidad individual. Los cuadros, se adscriban a la etapa que se adscriban, destilan un estilo y unas formas inconfundibles. Lo que no allana la complejidad de su obra, planteada como un reto para él mismo y un reto para el espectador. Las obras de Rojas demandan, para ser apreciadas, que el espectador se introduzca dentro de ellas, que sería algo así como penetrar en la mente del creador. El autor, dicho sea de paso, no es un dios omnipresente, sino un hombre en el que se superponen objetos, experiencias, historias, conocimientos, teorías, técnicas y habilidades diversas con las que compone sus cuadros.

«*La poesía no es únicamente literaria, es una fuerza de invención, una exquisita sensibilidad o gracia del espíritu humano*», escribe. La palabra «gracia» no hay que interpretarla, en el pensamiento de Rojas, con las connotaciones de componente religiosa, que es como se suele explicar en la cultura judeo-cristiana. La gracia es una fuerza inaprensible que organiza todos los saberes y todas las experiencias humanas y que nos sirven para progresar en «*medio del camino oscuro*» *de la vida* (Dante). En ese camino carecemos de certezas, andamos como los niños, tambaleándonos, buscando cómo trascender a nuestra mortalidad.

Más tarde, en otro momento, formula otra declaración aclaratoria. «*La poesía que yo creo haber desarrollado se alimenta de ritmos, cadencias, tonalidades introducidas en el cuadro*». Pero, aunque él no lo dice, introduce la imperiosa necesidad de ver, de observar, de analizar, de tocar, de sentir la obra para conocer las palpitaciones que esa obra contiene. No es la contemplación

«Las obras de Rojas demandan, para ser apreciadas, que el espectador se introduzca dentro de ellas, que sería algo así como penetrar en la mente del creador»

pasajera de un museo o de una exposición temporal lo que demanda la obra, sino el detenimiento tranquilo para pasar de una pieza a otra y de ahí a la siguiente, y así continuar en una línea sinuosa que conduce al espectador hasta la puerta de la ansiada cuarta dimensión que el autor busca. «*Las oquedades*, dice, *son huecos, fosas, entradas o salidas de habitáculos que emergen de una cuarta dimensión*».

Y aunque el discurso parezca fragmentado, a efectos meramente expositivos, lo que se manifiesta es un continuo que no cesa. El final de una exposición simplemente es un formalismo técnico, porque el proceso de creación se completa en la imaginación del espectador o en el taller del creador hacia un horizonte que el autor y el espectador saben inalcanzable. Se articula de este modo una confraternización íntima entre ambos que amplían y completan la obra de arte.

Y en ese proceso llegamos al punto donde establece su teoría sobre su obra que llama «abstracción surrealista». El concepto lo había esbozado en escritos anteriores. Sus obras recientes pertenecerían a esta unión en la que la dualidad se sintetiza en una unidad distinta. ¿Estamos ante un nuevo movimiento inventado por Paco Rojas? La «*abstracción geométrica*» se había revelado insuficiente para incluir la gran cantidad y diversidad de obras que se estaban realizando en el tiempo reciente. En 1966 la historiadora Lucy R. Lippart acuñó la expresión «*abstracción excéntrica*». Se refería al conjunto de obras, sobre todo hecha por mujeres, en las que se mezclaban maderas, metales, cuerdas, cartones, piedras, papeles, cualquier objeto material o visual. Era una conjunción de pintura, escultura y arquitectura.

Paco Rojas, que venía evolucionando intelectual y pictóricamente de manera autónoma, depurando los diversos movimientos pictóricos sobre los que ha teorizado en su libro *Los seis pilares del arte*, necesitaba una deno-

«El final de una exposición es un formalismo técnico, porque el proceso de creación se completa en la imaginación del espectador»

minación bajo la que se pudieran inscribir sus obras, aunque sólo fuera a efectos estrictamente expositivos. En los procesos de trabajos que él desarrollaba su obra carece de denominación. La unión ecléctica de «abstracción» y «surrealismo» le permitía avanzar en su discurso intelectual y darle un apelativo para que entendamos las circunvoluciones pictóricas y conceptuales que está realizando.

La denominación, sin embargo, hay que entenderla en la necesidad que experimenta el creador de explicar su obra al espectador. Como avezado enseñante sabe que debe aclarar lo que puede parecer oscuro y aplicar luz a lo que puede resultar inaccesible. Y es que al Rojas creador, pintor, constructor, los nombres y las clasificaciones sólo le sirven para que los demás conozcan lo que hace. En el fluir continuo de sus ideas, las palabras son tan solo instrumentos del lenguaje para aproximarnos a un flujo intelectual que en él nunca se detiene.

Y así se concluye este escrito, que ha pretendido acercarse a la obra de un autor, no por conocido, valorado en su auténtica dimensión innovadora. Es más, tal vez sus obras sean entendidas más allá de nuestra limitada existencia en un tiempo fraccionado. Él, por su parte, continuará ampliando su concepción del mundo, buscando las ideas, imágenes, formas y geometrías para representarlas en una obra que nos acerque al inagotable contenedor expresivo que se halla en el Universo.

MARIANO MARTÍN RODRÍGUEZ
«Toledo es una gran ciudad literaria internacional»

SANTIAGO SASTRE

—*Háblame de tus padres y de tu familia.*

—Mi familia no se cuenta entre las ilustres o influyentes de Toledo. Mi madre nació y creció allí huérfana de padre desde que los militares alzados lo fusilaron en 1936 y mi padre se mudó desde Madrid a Toledo, junto con su familia, cuando era pequeño, para dejar tierra de por medio ante la probable represión que habrían sufrido sus padres por *rojos*. Ni qué decir tiene que, en estas circunstancias, el hecho de que pudieran sacarnos adelante a tres hijos y pagarnos incluso la universidad a los tres, con la parca ayuda de becas públicas, sólo puede calificarse de heroico. Pero aquella era una generación de acero, que no se rendía y a la que no regalaron nada. Más bien les pusieron las cosas difíciles. Desde pequeño tuve claro que carecía de las llamadas *recomendaciones* que tanto facilitaban la vida a los afectos de aquel régimen, y también del que le siguió, a menudo con los oportunos cambios de chaqueta. Por eso tuve muy claro desde siempre que mi porvenir laboral no pasaba por quedarme en Toledo, y ni siquiera en España, con todo el dolor de mi corazón por el amor que siempre he sentido por mi ciudad y patria.

—*¿Cómo era el Toledo de tu infancia, tu barrio, tu colegio?*

—En mi niñez, Toledo ya se había beneficiado, aunque en pequeña parte, del éxodo rural, y había desbordado sus murallas. Tras mi nacimiento en 1966, viví de bebé en la Antequeruela, pero pronto nos mudamos a un piso en propiedad de los bloques de la Caja, como se decían entonces, concretamente a la calle de Lillo, n.° 1. Era una época que recuerdo con muchos niños; era la época del *baby boom*... En mi colegio, que era la Escuela Normal, había muchos alumnos en cada aula. Aún recuerdo cómo debíamos formar antes de entrar en clase durante los últimos años del régimen franquista y la atmósfera opresiva que se vivía entonces, aunque he de reconocer que lo más difícil para mí eran los inviernos sin calefacción, sólo con brasero eléctrico, y los veranos sin más aire acondicionado que el de los abanicos.

»En el colegio no pasaba tanto frío y, como siempre me ha apasionado aprender, las clases eran un placer para mí, salvo las de Matemáticas, por ser yo de Letras... La Escuela Normal era un colegio público laico con un gran nivel, aunque yo aprendía sobre todo de los libros. Mi padre siempre fue un gran lector, hasta que el Alzheimer se lo ha impedido, y teníamos muchos libros de calidad en casa. Aparte de los libros de texto de bachillerato de mi hermana mayor, que yo leía por placer y cuya calidad los haría ahora dignos más bien de una universidad, mi padre tenía una buena colección de libros de las series de obras completas de Aguilar. A mis siete añitos ya había leído las obras completas de Oscar Wilde, empezando por los cuentos de hadas, y ya entonces me gustaba sobre todo lo que luego la posteridad ha dictaminado que son sus obras maestras. Seguí con Molière y, entre los españoles, Vicente Blasco Ibáñez, Benito Pérez Galdós y uno hoy bastante olvidado, pero cuyo estilo me encantaba, Armando Palacio Valdés.

»Devoraba los libros y nunca he dejado de hacerlo desde entonces. También miraba la televisión, con la suerte de que entonces pasaban numerosas películas del Hollywood clásico; ya me fascinaban sobre todo las películas de ciencia ficción, aunque no les ponía etiqueta. En cambio, en literatura sólo leía clásicos y autores del realismo decimonónico, que era lo que me atraía de lo que teníamos en casa. Mi fascinación por los géneros de la «imaginación razonada», como decía

«A mis siete añitos ya había leído las obras completas de Óscar Wilde, empezando por los cuentos de hadas»

Jorge Luis Borges para designar la ciencia ficción y otros géneros de ficción fundados en el ejercicio de la inteligencia y la razón creadora, se debe a los cuentos del mismo Borges, sobre todo a *La biblioteca de Babel*, mi texto literario preferido de toda la historia. En él veo reflejado mi amor por los libros y la angustia porque estos sean tantos que una vida no baste a abarcarlos...

—*Cuéntame cómo fue tu etapa universitaria en Madrid. ¿Cómo la recuerdas?*

—En mi vida creo que fue mucho más importante mi paso por el instituto de segunda enseñanza. Entonces sólo había uno, creo recordar, llamado *El Greco*. Tenía unos profesores de altísima calidad docente e investigadora, varios de los cuales habrían merecido dar clase en la universidad más que otros que sí las daban, tal y como me di cuenta al empezar curso en la Complutense de Madrid. Recuerdo que en el último curso de bachillerato tradujimos incluso del latín el mito

«Cuando me preguntan cuántos idiomas hablo, respondo que ninguno bien, pues hasta el mío materno lo hablo con acento extranjero por mis muchos años vividos fuera de España»

de Píramo y Tisbe según las *Metamorfosis* de Ovidio, mientras que en la facultad nos aburríamos con César y Cicerón... También es verdad que mi carrera no era la de latinista, sino la de *romanista*. Como había cursado francés en el instituto y el objetivo que me fijé de adolescente era el de leer en lo posible las obras en su lengua original, decidí estudiar filología románica, ya que suponía que, al ser lenguas hermanas del castellano, me sería más fácil aprenderlas en mayor número y con menor esfuerzo, pues nunca se me han dado bien los idiomas, salvo para leerlos. De hecho, cuando me preguntan cuántos idiomas hablo, respondo que ninguno bien, pues hasta el mío materno lo hablo con acento extranjero por mis muchos años vividos fuera de España... Volviendo a los idiomas, gracias a las vacaciones de cada verano en Lisboa, gracias al sacrificio de mis padres ahorrando para ellas, ya conocía el portugués. En la universidad aprendí italiano y los demás idiomas de nuestra familia románica, además del inglés y el alemán, los he ido estudiando con posterioridad, siempre haciendo hincapié en la lectura. De hecho, hay lenguas que puedo leer perfectamente, pero que no puedo hablar en absoluto.

—*Fue tu pasión por los idiomas lo que te llevó a ser traductor (hiciste la tesis doctoral, porque quizá tenías oportunidad de ser profesor universitario). Háblanos de tu carrera profesional.*

—No tengo pasión por los idiomas, sino por la literatura y, por desgracia, esta está escrita en idiomas diversos. Por eso los estudié. Sólo eran un instrumento o, más bien, un obstáculo para mis investigaciones literarias, que siempre concebí desde un punto de vista universal, como lo es la literatura misma. Limitarse a la producción nacional o en una única lengua me parece reductivo. En cualquier caso, me encantaba el planteamiento comparativo que adoptábamos en filología románica, unos estudios que nos cundieron mucho, por ser tan pocos estudiantes en la especialidad. Además, sólo leíamos los textos en el original, aunque este fuera muy antiguo, lo que debió de ser un buen entrenamiento para cuando me presenté al concurso-oposición para convertirme en traductor funcionario en la Comisión Europea, en 1989, cuando debían cubrirse las plazas correspondientes tras la adhesión de España a la Comunidad, hoy Unión Europea. La convocatoria la vi nada más acabar la carrera universitaria, cuando aún no sabía si me iban a conceder la beca predoctoral que había solicitado. Mi expediente académico era intachable, con una media de 9,8 sobre 10, y tenía ya directora de tesis, la insigne investigadora del CSIC doña María Francisca Vilches, con la que iba a trabajar

sobre la recepción del teatro francés e italiano en el Madrid de entreguerras, aprovechando mi formación precedente. Cuando hice el examen, ya había obtenido esa beca y veía encauzada mi carrera en el mundo académico: tesis y luego profesor en alguna universidad extranjera. No preparé gran cosa aquel examen, ya que no esperaba aprobarlo por no haber traducido nada antes de una lengua viva (los idiomas que elegí para la oposición fueron el francés y el italiano), pero lo aprobé y eso me dio cierta seguridad laboral como alternativa a la carrera académica. Sin embargo, como no dominaba entonces el inglés, tardaron cinco años en llamarme a trabajar de la Comisión. Lo primero que me preguntaron es si ya sabía inglés, a lo que contesté que había cursado un año escolar en la universidad californiana de Berkeley, justo antes de terminar la tesis.

Tras leerla, trabajé de lector de español un tiempo en la Universidad de Estrasburgo, pero lo dejé cuando me contrató la Comisión. Las condiciones laborales y de remuneración eran incomparables; además, viniendo de una familia sin *recomendaciones*, la obsesión por la seguridad laboral fue el principal motivo para abandonar la docencia

en la universidad. Además, me agradaba dar clase, pero no tanto las intrigas que sobreabundan en las facultades, y lo que me apetecía verdaderamente era investigar, cosa para lo que no resulta necesario ostentar un puesto universitario. Ya era doctor y mi trabajo con la doctora Vilches, mi maestra, me había enseñado bien cómo debe investigarse con rigor y honradez, sin plagiar ni saquear el trabajo de otros sin citarlo. Por lo demás, como no me siento especialmente dotado intelectualmente, prefiero investigar sobre temas que nadie haya tratado apenas antes, de modo que no podría copiar ni aunque quisiera...

—*Explícame tu afición por ese subgénero que es el de la literatura de ficción especulativa. ¿Cómo se articula este tipo de literatura que vincula la ciencia con la ficción?*

—Como dije antes, de pequeño leí mucha literatura llamada *realista*, pero con el tiempo se me quedó corta. Historias de amores contrariados, de problemas sociales, de costumbres co-

«Borges me permitió saber que existía una literatura que no se pegaba a la vida cotidiana del presente o del pasado cercano, sino que me ofrecía mundos imaginarios por descubrir y explorar»

mo las que veía en la prensa todos los días no despertaban ya mi curiosidad. Borges me permitió saber que existía una literatura que no se pegaba a la vida cotidiana del presente o del pasado cercano, sino que me ofrecía mundos imaginarios por descubrir y explorar. Esos mundos de la imaginación podían ser los de los cuentos maravillosos, pero estos nunca me habían gustado, porque me parecían arbitrarios. Siempre he tenido un agudo sentido de la lógica y la coherencia, también en materia literaria. Por eso prefiero la «ficción especulativa», entendiendo por tal aquella que crea (o subcrea, según decía Tolkien) universos ficticios nuevos, pero que lo hace ateniéndose al método de las ciencias modernas, sean estas las ciencias naturales en que se funda el concepto mismo de ciencia ficción, sean las ciencias humanas que alimentan la fantasía épica (y antes la ficción histórica de asunto arqueológico), sean las ciencias divinas como la teo-logía y la metafísica que subyacen a alegorías, como aquel cuento borgiano de *La biblioteca de Babel*. Por supuesto, esta es una división muy esquemática; los géneros de ficción científica o especulativa se cruzan y enriquecen recíprocamente, pero en todos desempeña un papel fundamental el raciocinio, el cual no está reñido con lo sobrenatural, pues entonces no existiría la teología como ciencia de lo divino, ni se podrán crear nuevos mitos cosmogónicos o etiológicos como hace la fantasía épica, por ejemplo.

—*¿Se ha escrito ficción especulativa también en Toledo?*

—Todos estos géneros de que hablo se han cultivado también en nuestra ciudad y alrededores. Aunque lo religioso, a veces con una interesante dimensión teológica, predomina en nuestras leyendas, no han faltado autores nuestros que hayan explorado otros horizontes. Por ejemplo, Abdón de Paz fue uno de los primeros escritores europeos en na-

Francisco Navarro Ledesma
LOS NIDOS DE ANTAÑO

Estudio e introducción de
Mariano Martín Rodríguez

B.A.T.
Biblioteca de Autores Toledanos

rrar un viaje a la Luna y describir la civilización selenita descubierta, incluidos sus mitos de origen, y como entonces no teníamos los complejos que parecen aquejarnos ahora, el viajero partió desde el propio pueblo del autor, Polán. Es una pena que sean tan poco conocidos en nuestra ciudad y región pioneros toledanos en la literatura universal como Abdón de Paz o Eugenio de Olavarría, cuyo relato *Irma* (1881) es una obra maestra de la literatura fantástica y que explota el motivo estético de la ciudad muerta diez años antes de que se pusiera de moda en Europa. También la obra narrativa del toledano Francisco Navarro Ledesma puede rivalizar con la de sus contemporáneos Ángel Ganivet o Azorín, quienes lo admiraban justamente, y no sólo por su magistral biografía novelada de Cervantes. Tan solo su muerte prematura y sin que le hubiera dado tiempo a reunir sus mejores relatos en un libro ha impedido que disfrute del reconocimiento que merece y que no se le escatimó en su época. Mi edición, gracias a Ledoria, de una antología de su narrativa breve, con el título previsto por el propio Navarro Ledesma de *Los nidos de antaño*, representa una tentativa de recuperarlo para nuestra literatura y para demostrar una vez más que Toledo ha aportado mucho y bueno a la literatura mundial, igual que escritores extranjeros han aportado mucho y bueno a nuestra ciudad, al ambientar en ella verdaderas obras maestras.

—*¿Crees que falta mucho patrimonio en literatura escrita por extranjeros sobre Toledo por descubrir y divulgar? Ponme algún ejemplo. ¿En qué radica su interés o qué pueden aportar?*

—Se impone reconocer que se ha hecho mucho por divulgar, por ejemplo, la visión de Toledo que aparece en libros de viajes extranjeros, pero estos libros, salvo excepciones, son obras cuyo valor principal es documental más que literario. Su utilidad es grande para saber cómo era Toledo en el pasado, pero esos viajes se hacían a otras muchas ciudades españolas y no pueden demostrar un hecho que hemos ido averiguando según han aparecido traducciones y estudios. Ese hecho es que Toledo es una gran ciudad literaria internacional, con una imagen muy marcada, que ha inspirado varios poemas líricos de alta calidad de autores rusos, rumanos, franceses y de otras lenguas, además de diversas narraciones en prosa y verso escritas a la manera de nuestras leyendas. De hecho, las leyendas toledanas de José Zorrilla, Gustavo Adolfo Bécquer y Eugenio de Olavarría no sólo fueron emuladas a menudo por autores españoles de lengua castellana, sino también por extranjeros que figuran con toda justicia en el canon de sus literaturas nacionales. Un ejemplo insigne es el checo Julius Zeyer, cuya obra maestra indiscutida, traducida a varios idiomas, incluido el nuestro, no es sino una versión mejorada de la leyenda visigoda del Cristo de la Luz según Olavarría.

»Hay otras leyendas toledanas escritas por extranjeros que nos vendría bien conocer para darnos cuenta de que lo nuestro local también es universal. Hasta

LEYENDAS EUROPEAS
DEL CRISTO DE LA VEGA
José Zorrilla, Edmond Rostand,
Johannes Fastenrath y Juan Marina

Estudio e introducción de
Mariano Martín Rodríguez

B.A.T.
Biblioteca de Autores Toledanos

hubo un escritor alemán, desgraciadamente de segunda fila en su literatura, llamado Johannes Fastenrath, que dedicó a Toledo y sus leyendas todo un libro de poemas narrativos y traducciones en 1869. A esto se añade que Toledo ha atraído la atención de grandes escritores no sólo por sus leyendas, sino también por su rico pasado, especialmente por su virtual capitalidad del judaísmo hispánico, así como por artistas como El Greco. Por ejemplo, uno de los grandes clásicos de la narrativa del siglo xx en lengua neerlandesa, Simon Vestdijk, dedicó en 1936 a aquel pintor su novela más importante y traducida, por desgracia todavía no a nuestra lengua. Podría levantarse una pequeña lista de obras de clásicos modernos ambientadas en el pasado de Toledo escritas en variados idiomas, desde el húngaro al hebreo, que no podemos todavía leer en el nuestro.

»Aunque sólo fuera por motivos de orgullo local, deberíamos traducirlas para darnos cuenta de que Toledo es un lugar señero no sólo de las bellas artes hasta nuestros días (piénsese en nuestro neomudéjar o en las vistas de Toledo por grandes pintores internacionales de la Edad Contemporánea). También es una ciudad insigne desde el punto de vista de la literatura universal, y esto es algo que también puede promoverse desde el punto de vista turístico, creo, aunque sólo fuera mediante alusiones en la promoción del turismo toledano en Chequia a la obra de Zeyer, o en Hungría al magistral relato sobre el baile de San Ildefonso publicado por Margit Kaffka en 1913 y aún sin traducir. A este respecto, uno se pregunta para

qué tenemos una Escuela de Traductores en Toledo si no se ocupa de traducir un poco de literatura toledana escrita en lenguas poco conocidas que he podido leer, por ejemplo, en traducciones francesas o alemanas, pero no en castellano. Afortunadamente, ha habido grandes escritores de aquellas otras lenguas que se han esforzado por hablar de Toledo para nuestro propio público. Entre ellos puedo recordar al catalán Joaquim Ruyra, cuya mejor obra en castellano, que Ledoria editará próximamente a partir del manuscrito inédito, es quizá la mejor versión literaria existente de la leyenda de la princesa Galiana, y a Ruxandra Cesereanu, una de las escrituras posmodernas rumanas más prestigiosas, quien escribió, directamente en nuestro idioma pese a no haber residido en un país hispánico, un bello relato lírico sobre la prisión de San Juan de la Cruz en Toledo, que también tiene previsto editar Ledoria el año que viene.

«Uno se pregunta para qué tenemos una Escuela de Traductores en Toledo si no se ocupa de traducir un poco de literatura toledana escrita en lenguas poco conocidas que he podido leer»

—Dices que las leyendas toledanas son una gran manifestación literatura, y no solo en España. ¿Quedan leyendas por descubrir? ¿Tu leyenda favorita?

—Creo que hay que distinguir entre las leyendas tradicionales más o menos conocidas y que se transmiten oralmente, casi siempre a partir de una fuente cronística, y las narraciones escritas en forma de leyenda toledana que son de creación puramente artística. Dudo de que se puedan encontrar fácilmente nuevas leyendas tradicionales, aunque hace poco tuve la sorpresa de descubrir en la Biblioteca Nacional de España un tomito de *Leyendas hispanoamericanas* en verso de 1908, firmado por un tal José Quilis, dedicado enteramente a leyendas toledanas, entre las cuales figura una titulada *Nuestra Señora de los Remedios*, dedicada a la patrona de Sonseca y de la que ignoro si existe otra versión literaria. En cambio, la creación de nuevas leyendas toledanas, que es una vía que no se ha explorado demasiado en Toledo antes de la leyenda de Atalo escrita por nuestro amigo Jesús Muñoz, abunda en las literaturas extranjeras. La húngara antes mencionada de Kaffka es una de ellas, pero no la única. Personalmente, me gustan todas las leyendas toledanas que se desarrollan en la Antigüedad, entendida esta como el período anterior al año mil de nuestra era, por mi propio gusto por todo lo arqueológico en la literatura. Entre ellas, destacaría las del Palacio Encantado por su importancia universal, la del Cristo de la Luz (la visigoda, no la posterior a la Reconquista) por lo que plantea desde el punto de vista del violento fanatismo religioso y comunitario, y la de la princesa Galiana por lo auténtico de su ética caballeresca. Entre las ambientadas en épocas más recientes,

> **«Creo que la traducción más importante que he realizado desde el punto de vista de la historia de la literatura es la de la última obra rumana de Eugène Ionesco»**

mi favorita es, sin duda, la del Cristo de la Vega, cuyas versiones españolas y extranjeras principales tuve el honor de editar para Ledoria. Lo es por la importancia que da a la fidelidad a la palabra dada y a la obligación moral de no apartarse de ella por pura conveniencia personal. Es una lección que creo especialmente útil en nuestros días.

—¿Cuáles son los trabajos de los que como traductor literario te sientes más orgulloso o satisfecho? ¿Cuáles han sido tus principales aportaciones al mundo de la traducción literaria?

—Es una pregunta difícil de responder. Es como preguntar a un padre o una madre a quién prefieren entre sus hijos, y más teniendo en cuenta que mis traducciones literarias las he hecho todas por puro amor al arte. Objetivamente, creo que la traducción más importante que he realizado desde el punto de vista de la historia de la literatura es la de la última obra rumana de Eugène Ionesco/Eugen Ionescu, el gran dramaturgo del absurdo. Esta obra estaba inédita como tal aun en su lengua original. También me enorgullezco de haber traducido al español la colección de descripciones de ciudades imaginarias escrita en rumano por Gheorghe Săsărman en la década de 1970 con el título que traduje como *La cuadratura del círculo*, porque gustó tanto a la gran escritora estadounidense Ursula K. Le Guin, gran dama de la ciencia ficción y la fantasía épica, que la tradujo en parte al inglés a partir de mi traducción al castellano, mientras que el resto de ella está apareciendo en una revista en inglés de ficción especulativa titulada *Sci Phi Journal* (www.sciphijournal.org) que codirijo junto con Ádám Gerencsér. También me parece interesante señalar que he traducido y sigo traduciendo para la revista que codirijo junto con la profesora Sara Martín, *Hélice* (www.revistahelice.com), una gran cantidad de poemas, dramas y narraciones de los más diversos géneros de ficción especulativa en sentido lato, a partir de los idiomas que leo, incluido el romanche, la pequeña lengua románica suiza que apenas hablan unos miles de personas en los Alpes del cantón de los Grisones, a pesar de lo cual ha aportado a la literatura no pocas obras muy estimables. Creo que soy el primero en haber traducido directamente al castellano textos literarios en prosa escritos en esa lengua. Por desgracia, no he localizado ninguno que se desarrolle en Toledo.

—*¿Cómo ves la situación cultural en Toledo?*

—En términos relativos, la veo floreciente teniendo en cuenta el tamaño de la ciudad. Cada vez que vengo disfruto de alguna exposición nueva que honraría a una gran capital. Editoriales como Ledoria tampoco tienen muchos rivales a su altura en otras ciudades relativamente pequeñas como Toledo. Sin embargo, todo puede mejorar. Por ejemplo, creo que existen personas muy influyentes económica y políticamente que, aun sin ser de Toledo ni residir ahí, determinan qué tipo de cultura se promueve o se silencia. Es verdad que tal cosa se produce en otros sitios de nuestro país, pero creo que sería bueno que iniciativas privadas, locales y desde abajo contaran con más apoyo, no diría que tan solo económico, sino sobre todo de ayuda a su mejor conocimiento público. Quien tenga oídos...

—*¿Qué aspectos y cómo crees que debería mejorar Toledo? Me interesa mucho tu visión como alguien que pasa la mayor parte del tiempo fuera de Toledo.*

—Ya me he referido a la vida cultural, pero no hay que olvidar que esta es una superestructura que se apoya en una infraestructura económica y social. Si la población es demasiado pequeña para constituir un público amplio o si la economía carece de la robustez necesaria para que las personas tengan el tiempo y el dinero necesarios para disfrutar de la cultura de su ciudad, entre otras cosas que esta les ofrezca, difícilmente podrán tener éxito nuestros esfuerzos como traductores y productores de cultura, arte y libros. Tal vez por mis muchos años de traducción de documentos jurídicos, financieros y, por así decir, *utilitarios*, en el seno de la Comisión Europea, he entendido que la economía es fundamental. Puedo comprender humanamente que personas que tienen la vida resuelta por estar jubiladas o por otras razones se opongan a que haya en nuestra ciudad supuestas vulgaridades, tales como museos *pop,* como los dedicados a los instrumentos de tortura o un parque temático, aunque esté dedicado a nuestra ciudad hasta extremos que rozan o sobrepasan el engaño histórico, pero que no hacen sino realzar entre las masas la imagen de Toledo como metrópoli histórica y culturalmente significativa para España y el mundo. Nos hacen así propaganda entre las masas culturalmente indiferentes a las que difícilmente podríamos llegar de otro modo, y encima hay quien se queja de ello en nuestra ciudad por un inoportuno elitismo. Es verdad que si tuviéramos fábricas de microprocesadores, por ejemplo, podríamos no depender tanto del sector turístico, pero como Toledo ha perdido la poca industria que tenía, no nos queda otra que explotar lo más y mejor posible nuestras bazas materiales. Al hacerlo, no me cabe duda de que la punta de la pirámide cultural, esa alta cultura que intentamos

llegue a los más, saldrá gananciosa de tener una base económica sólida, una base que, con todo, también es cultural y muy digna en su ámbito. Ojalá todas las iniciativas económicas propuestas y por proponer por el bien de Toledo prosperen y escapemos así al sino de la llamada España vaciada. Para ello, creo que debemos abrir nuestras mentes y convecernos de que nuestro amor por Toledo no debe ser infiel a la universalidad intrínseca de nuestra ciudad, a cuyo prestigio y desarrollo han contribuido también tantos forasteros y extranjeros, y entre ellos numerosos franceses. Mucho antes de que el primer parque del Puy du Fou fuera de Francia se abriera aquí, viajeros franceses como Théophile Gautier y Maurice Ba-

> ## «Viajeros franceses como Théophile Gautier y Maurice Barrès hicieron más que nadie por promover el turismo internacional a Toledo»

rrès hicieron más que nadie por promover el turismo internacional a Toledo. Incluso hubo inmigrantes franceses a nuestra provincia en el siglo XIX de los que apenas se habla, pese a que uno de ellos, el escritor en francés y occitano Arsène Vermenouze escribió interesantes poemas líricos y narrativos sobre sus experiencias durante sus años de estancia laboral en Illescas. Toledo nunca ha estado aislada del mundo. Por eso, ser localistas valdría quizás para otras capitales de provincia; en la nuestra, sería una traición tanto a su espíritu como a su conveniencia.

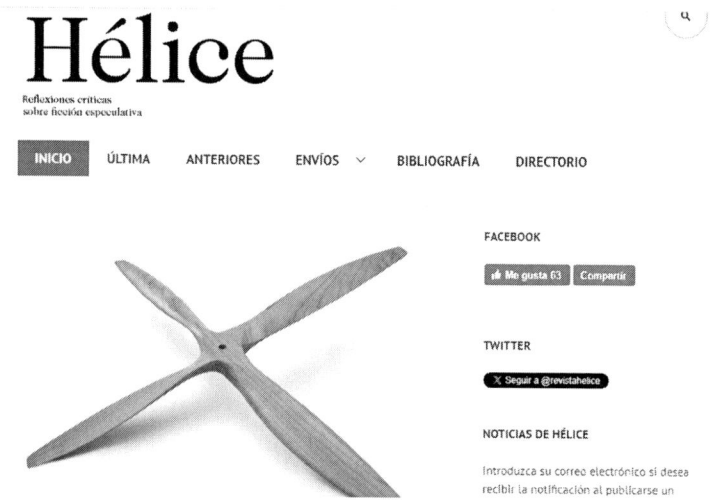

Portada de la publicación digital revistahelice.com

Mitos, leyendas y realidades en torno a Don Rodrigo, el último rey visigodo

ÁNGEL SÁNTOS VAQUERO

Don Rodrigo fue el último rey visigodo en Hispania y su reinado es el que ha dado lugar a más cantidad de leyendas y romances, los cuales han producido una distorsión de la realidad histórica, reduciéndola a meras historietas que la enmascaran.

Como en un artículo anterior, referente al monarca visigodo Recaredo, realizamos una introducción explicando brevemente los inicios y avatares del reino visigodo en España, y pasaremos directamente al objetivo que nos ocupa, sin más preámbulos.

El reino visigodo de Toledo se consolida con Leovigildo (572-586) tras incorporar el reino suevo y los territorios cántabros. Su hijo Recaredo (586-601) soluciona las relaciones con los hispanorromanos, convirtiéndose él y toda su corte al catolicismo en el III Concilio de Toledo, y dando origen así al reino católico de Toledo. Entre sus reyes destacamos a Suintila (621-631), quien logró expulsar definitivamente a los bizantinos del sur de la Península; Sisenando (631-636), que en el IV Concilio de Toledo consiguió una normativa por la que se establecía que el rey debía ser elegido por los obispos y la aristocracia laica, que debían jurarle fidelidad, lo que conllevaba el pecado de sacrilegio para el que osara atentar contra el rey elegido; Recesvinto (653-672), que durante su reinado se promulga el *Liber Iudicum*, resultado de los esfuerzos de él y del monarca anterior (Chindasvinto), cuyo texto legal sería, desde ese momento en adelante, el único válido ante los tribunales; Wamba (672-680), quien gobernó violentado por la nobleza, convocó el XI Concilio en el que se dictaron medidas para corregir los abusos y vicios adquiridos por el clero, pero una conjura acabó con su reinado (le narcotizaron, le tonsuraron, le vistieron con hábito de

> **«Si Leovigildo logró unificar el reino y Recaredo la unión religiosa y jurídica, Rodrigo no podrá mantener su corona»**

fraile y le obligaron a renunciar a la corona) y Rodrigo (710-711), con quien, como dijimos, finalizará el reino visigodo de España.

A la muerte de Atanagildo Hispania se hallaba en la siguiente situación geopolítica: Los visigodos extendidos por el centro peninsular; Gallaecia en poder de los suevos; Cantabria semiindependiente; la Bética dominada por los hispanorromanos, no acostumbrada a la sumisión a los bárbaros; y la zona del litoral mediterráneo dominada por los bizantinos. Si Leovigildo, según San Isidoro, *«afrontó los problemas con los suevos, los pueblos del norte y los bizantinos, devolviendo la grandeza al reino visigodo»*, es decir, logró fortalecer el poder central y unificar el reino, y Recaredo consiguió la unión religiosa y jurídica entre visigodos e hispanorromanos, don Rodrigo no podrá mantener su corona, perdiéndola a manos de los musulmanes procedentes del norte de África.

Los bárbaros habían traído consigo el germen de su destrucción: una monarquía electiva que fomentaba la ambición de los nobles, el asesinato de los reyes, una posterior guerra civil y la petición por parte de uno de los bandos de una ayuda extranjera que traía como resultado la ocupación de una parte del territorio peninsular. Los bizantinos vinieron en auxilio de Atanagildo contra su rival Agila y se apoderaron del litoral mediterráneo y atlántico desde Alicante y Baleares hasta el Algarve; los francos ayudaron a Sisenando contra Suintila y llegaron a ocupar Zaragoza, y, por fin, los musulmanes, solicitados por los descendientes y partidarios de Witiza para derrocar a don Rodrigo, pasaron el estrecho de Gibraltar, convirtiéndose de tropa auxiliadora en conquistadora).

Fin del reino visigodo en Hispania

La caída del reino visigodo en poder de los musulmanes, aunque tiene su explicación histórica ajustada a criterios científicos, ha creado en su entorno una visión romántica e idealizada del motivo, proceso y conclusión, y sobre el rey don Rodrigo una serie de romances, leyendas y obras dramáticas. Dos hechos, uno a más largo y otro a más corto plazo, serán los desencadenantes de la invasión según estas narraciones legendarias. El primero se basa en la leyenda de la cueva de Hércules. Con ella se trata de demostrar la soberbia con la que se conducía el último rey visigodo y explicar el motivo de la conquista de Hispania por los árabes.

El segundo de los lances se basa en la relación del monarca con Florinda, *la Cava*, hija del conde

don Julián, gobernador de Ceuta. Esta leyenda menos esotérica que la anterior, puede ser más plausible y aproximada a la realidad histórica, pues el hecho está más relacionado con las luchas nobiliarias intestinas del mundo visigodo, aunque aquí se le adorne con la limpieza del honor de una hija. De la relación amorosa de Florinda con don Rodrigo se dan dos versiones: una en la que se dice que ella se entregó libremente al monarca y que días de placer y dicha envolvían a los dos amantes; otra es la que apunta que ella se sentía desgraciada por la situación que se veía obligada a mantener. El caso es que alguien se encargó de comunicar al conde don Julián la deshonra de su hija a manos del monarca godo.

El gobernador de Ceuta montó en cólera cuando le fue comunicada la noticia y decidió vengarse (romances hay que señalan que fue la propia *Cava* quien le comunicó a su padre el forzamiento que sobre ella había ejercido don Rodrigo), y no encontró un modo mejor de buscar el desagravio que permitir y ayudar a la invasión musulmana de la península. Esta acción le fue comunicada al rey en un sueño, al estilo de San José, San Francisco de Asís, María Antonieta..., mientras disfrutaba de admirables placeres, tiempos felices y de gran lujo.

Don Julián se puso en marcha e inició los contactos con el gobernador moro del norte de África para llevar a cabo su venganza. El autor del romance de *la venganza de don Julián* nos muestra su gran amor por España, expresándolo por medio de las más bellas flores que encuentra para calificarla y no duda en condenar a don Julián por su traición, y con ella el sometimiento de nuestra nación a los moros. Pero no se para en sólo esta acusación, la cual amplía al arzobispo de Toledo don Oppas y tangencialmente a *la Cava*, y, añadimos nosotros, podía hacerlo igualmente al obispo Sisberto, pues todos estos personajes planteaban hacerse con el trono para la familia Witiza que se resistía a perder el poder.

«Don Julián se puso en marcha e inició los contactos con el gobernador moro del norte de África para llevar a cabo su venganza»

Cuando los moros penetraron en España por Tarifa, don Rodrigo se encontraba en estos momentos combatiendo una sublevación en Navarra y regresó al encuentro del ejército musulmán. El rey fue derrotado en las orillas del Guadalete en el año 711 (hay quien sitúa esta batalla en las márgenes del río Barbate y quien señala que sucedió en las inmediaciones de la laguna de la Janda), y su ejército destruido gracias a la traición de don Julián, ayudado por el obispo Oppas y los hijos de Witiza, dando pie a la ocupación casi total de la península.

Las crónicas musulmanas dicen que su ejército, formado por 12.000 soldados, derrotó al ejército visigodo constituido por 100.000 hombres, y no ocultan que esta victoria fue posible debido, como decíamos, a que las dos alas del ejército visigodo, dirigidas por witizanos, se rebelaron contra don Rodrigo. Este hecho demuestra que la venganza de don Julián se debió a movimientos políticos internos del reino visigodo. Aunque la sucesión al trono visigodo era de carácter electivo, algunos monarcas, para asegurarse la trasmisión del mismo en su familia, asociaban al trono a un hijo, al que se pensaba que por intereses y fidelidad sería elegido por la mayoría de los nobles. Esto es lo que hizo

Cronica del Rey don Rodrigo:

HISTORIA
VERDADERA DEL REY
DON RODRIGO.

EN LA QVAL SE TRATA LA CAVSA PRINCIPAL de la perdida de España, y la conquista que della hizo Miramamolin Almançor, Rey que fue del Africa, y de las Arabias, y vida del Rey Iacob Almançor.

COMPVESTA POR EL SABIO ALCAIDE ABVLCACIM Tarif Abentarique, de nacion Arabe.

NVEVAMENTE TRADVZIDA DE LA LENGVA ARABIGA POR Miguel de Luna, vezino de Granada, Interprete del Rey D.Felipe N.Señor.

Al Illustrissimo señor don Pedro Pacheco Giron, &c.

QVINTA IMPRESSION.

Año   1654

EN MADRID. Por Melchor Sanchez. Año 1654.
A costa de Gabriel de Leon, Mercader de libros.

Witiza en el año 700. Pero muerto Witiza, su hijo Agila II no contó con la adhesión de todos los electores. Un grupo numeroso reconoció como rey a Rodrigo. Todo lo ocurrido, por lo tanto, correspondió a la complicidad de los partidarios de Agila II y a una serie de magnates ambiciosos e insatisfechos cuya aspiración era la de obtener beneficios implantando en el trono al hijo de Witiza.

Noticias sobre estos personajes

Pero, ¿qué fue de los personajes de esta historia? La tradición se encarga de explicarnos que don Julián, don Oppas y los hijos de Witiza fueron muertos por los árabes, que así pagaron sus servicios, desconfiando de personajes que tan fácilmente habían vendido a los suyos (quizás con un intento de asemejar este hecho con el de Viriato y los romanos).

No obstante, hay diversas versiones sobre sus figuras: Don Julián moriría suicidándose o a manos del propio rey don Rodrigo. Agila II, hijo de Witiza, quien acordó con el califa de Damasco que él sería considerado rey del reino visigodo (en realidad un monarca títere) y cuyo propósito se vio frustrado por la actuación de Tariq y Muza, llegó a ser rey de los visigodos del reino de Narbona. El obispo Oppas, según la *Crónica Mozárabe*, colaboró con las tropas musulmanas y las acompañó hasta Toledo. Después la *Crónica de Alfonso III* nos dice que las nuevas autoridades islámicas le confiaron la misión de reprimir el naciente movimiento de resistencia cristiana en Asturias y procurar que Pelayo se rindiera, ofreciéndole grandes beneficios. Tras la batalla de Covadonga nada se sabe de él. Florinda, conocida por *la Cava*, volvió a Toledo loca de dolor y vergüenza y se suicidó.

El historiador árabe Ibn el Athir, nos relata que tras la batalla se encontró el caballo de don Rodrigo ricamente enjaezado y su manto real bordado en oro y adornado con piedras preciosas, y un poco más adelante se halló una de sus botas, pero ni rastro de la persona real. La *Crónica de Alfonso III* en la versión *Rotense* nos cuenta que, cuando se reconquistó y repobló la ciudad de Viseu (norte de la Lusitania, Portugal), se encontró una lápida con la siguiente inscripción: HIC REQUIESCIT RODERICUS, REX GOTHORUM (*Aquí yace Rodrigo, el último rey de los godos*), aunque la autenticidad del hecho debe ponerse en duda, dado el interés de dicha crónica y de la versión posterior, más erudita, llamada *Ovetense*, *ad Sebastianum*, en querer demostrar a ultranza que don Pelayo era sucesor de los reyes toledanos, y, por tanto, el reino astur era el continuador del visigodo. Se supone que el rey moriría en la batalla del Guadalete y que un grupo de sus más fieles servidores, para evitar que fuese envilecido, lo trasladaría a un lugar donde los sarracenos no pudieran encontrarlo y, posteriormente, enterrado en dicho lugar.

Un romance nos habla de la huida del monarca godo y de cómo un capitán de su ejército llamado Aliastras le siguió durante un trecho, pero no pudo dar con él y acordó llegarse a la corte para dar la noticia del desastre a la

«Se supone que el rey moriría en la batalla del Guadalete y que un grupo de sus más fieles servidores, para evitar que fuese envilecido, lo trasladaría a un lugar donde los sarracenos no pudieran encontrarlo»

reina su señora, la cual había tenido un mal sueño donde su marido le anunciaba su derrota y muerte y le conminaba a que huyera a las Asturias.

Otro poema titulado *Romance de la muerte del rey don Rodrigo o la penitencia de don Rodrigo* nos dice que el rey no murió en la batalla, sino que, herido no sólo en su cuerpo sino más en su alma, camina por el campo en busca de un lugar donde hacer penitencia por el pecado que creía había sido la causa de la perdición de su reino. Llega a una ermita solitaria donde vivía un ermitaño a quien Dios manda que le absuelva de sus pecados y le imponga una muy dura penitencia. El rey así lo cumple y muere congraciado con Dios, quien le acoge en su seno.

Realidad histórica

Tanto en los romances como en las leyendas no se mencionan ni se tienen en cuenta una serie de aspectos externos e internos políticos, económicos y sociales que expliquen la realidad de los sucesos: invasiones externas de francos, bizantinos y árabes (ya en el año 670 hubo una amenaza de los árabes que desde su base en Kairuán intentaron poner el pie en la península Ibérica); inesta-

Rey Rodrigo, de Eugène Delacroix. Galería de Arte de Bremen

bilidad política con las luchas intestinas entre familias nobiliarias y con las purgas, represiones y depuraciones consiguientes; decadencia de la moral y disciplina eclesiástica; política antijudía (limitaciones comerciales, impuestos especiales, reducción a servidumbre, separaciones familiares, exilio, etc), que produjo la desaparición del comercio a larga distancia, acrecentado por el impedimento que suponía la ocupación del norte de África por los musulmanes; crisis económica con épocas de hambrunas; desigualdad social con casi nula integración entre visigodos e hispanorromanos...

En fin, estas fueron realmente las principales causas de la desaparición del reino visigodo de España, sin embargo, se efectuó una intensa propaganda por medio de los romances y leyendas (que iría calando en el pueblo paulatinamente y quedaría de manera perenne en su memoria), señalando como causas únicas de la destrucción del reino visigodo la lujuria, es decir, la conculcación del sexto mandamiento por parte de don Rodrigo, y su codicia.

Por fin se incide en la penitencia del rey, quien la busca y acepta, arrepintiéndose de sus ominosos pecados.

El execrable pecado de lujuria sería la causa de la perdición de España, mas el personaje salvaría su alma con su arrepentimiento y posterior penitencia. Dios le perdonó, pero en la memoria de los españoles han continuado con la deshonra de ser los culpables de la «pérdida de España» Florinda *la Cava* y don Rodrigo. Sin embargo, no se mencionan (quizás por no considerarlos materias tan graves) los pecados contra el quinto mandamiento (el asesinato era algo habitual en la sucesión del trono visigodo, con ayuda, muchas veces, de los prelados toledanos), o los que conculcan el séptimo mandamiento llevado a cabo con la expropiación de bienes a los perseguidos para enriquecimiento de los amotinados que alcanzaban el poder en cada momento.

PARECE QUE FUE AYER ▰▰

«Estas provincias que de sí, y por naturaleza, no son
industriales y, en cambio, viven exclusivamente
de la agricultura, en su mayoría rural, necesitan se dé
impulso a ésta por medio del gran factor vital
de la política hidráulica, que es la salvadora de todo
país abrumado.
La sequía pertinaz castellana, los malos años agrícolas,
la emigración de muchas familias de esta región
central, se debe a la miseria de los campos y al poco
amparo que del trabajador español hacen los Gobiernos.
Pidiérase a éstos la fabricación de urnas electorales
(diez para cada pueblo) y las enviarán al primer aviso.
Solicítese la reconstrucción de un canal de riego
y la aprobarán dentro de cuarenta o cincuenta años,
para que lo disfruten nuestros tataranietos».

José Manuel Santos en *Diario Toledano*. 3 de diciembre de 1914

De utilidad pública

ANTONIO LÓPEZ BALLESTEROS

Como en artículos anteriores, trataré de revelar algo que no se haya dicho antes, cosas interesantes y aparentemente pequeñas de la vida de la ciudad, razón por la cual se han tratado poco o nada. Yo sólo intento, sin ahondar en demasía, escudriñar en lo que llamo arqueología de las pequeñas cosas, a menudo ocultas en documentos de los archivos o libros antiguos.

Así, vi que en enero de 1922, en el Ayuntamiento de Toledo se debatió sobre colocar unas aletas en unos urinarios que había en la plaza de los Postes. ¿Urinarios con aletas en la plaza? ¿Cuál era el sentido de esto?

En Toledo, como en cualquier otra ciudad, todavía se pueden ver rinconadas como las que referiremos en este escrito, por ejemplo, en el casco antiguo de Málaga, en la calle de Pedro de Toledo; o en León, en la de Ramiro III, etc, etc. ¿Cuál era su utilidad?

En el número 25 de *Cuatro Calles*, al hablar de la desaparecida calle de la Escalerilla, dije que uno de los motivos por los que se cerró fue por los muchos orines que en ella se ocasionaban, *«por su ocultación a la vista de los vecinos»*. Este caso, como otros muchos que se daban en Toledo (y se dan), fue unos de los motivos que se argumentaban para cerrar algunas calles, *«por las mu-chas maldades y ofensas a Dios Nuestro Señor»*. Una gran cantidad de casos de este tipo se encuentran en no pocos documentos del Archivo Municipal de Toledo. No solo se cierran calles, también se modifican, argumentando para tal fin, además de otros puntos concretos, *«la inmundicia y ofensión por ser rinconada»*. En los siglos pasados, solo las clases privilegiadas podían optar a evacuatorios particulares para dar nivel de adelanto y soluciones a problemas tan grandes como el de deshacerse de los detritus humanos.

Esquinas macizadas
en la puerta de los Leones
de la catedral, edificio
de Hacienda y puerta
del Mollete, con el fin
de evitar que se utilizaran
como evacuatorios
ocasionales.

La catedral de Toledo tuvo en su zona este unas letrinas, o *necesarias*, para sus principales, y algún que otro puntual que fue nombrado en sus libros al caso. Amalia María Yuste en *La señal del pedrero* nos dice cómo en 1431 se construyen letrinas o *necesarias* en el corral de la Higuera (dentro de la catedral), escrito en una copia del original de Arcayos (en el Archivo de la Catedral de Toledo), dando nota del «*oficio del Alcaide de las letrinas*» y algunas notas más sobre el asunto; por lo que queda claro que era un servicio inventado para ser desarrollado a medida que la vida avanzaba, como cualquier invento en su desarrollo y perfección.

En 1616, las monjas de Santa Úrsula se quejan de la mucha humedad que entra en el altar mayor desde la calle por el ábside. La puerta de los Leones tiene mucha suciedad y se colocan rejas; la esquina de la catedral, en la calle de Cisneros, ya se debió fabricar con las miras a estos inconvenientes; la de la Torre, con la puerta del Mollete, se hizo posiblemente por estas causas (su fábrica se ve que es un postizo); la de la calle de Alfonso X, nº 1, esquina al edificio de Hacienda e iglesia de Jesuitas, también se ve que la rinconada es otro postizo.

En fin, en muchos lugares se pusieron en tiempos imprecisos rinconadas de estas mismas formas, y pensamos que para la misma utilidad: para evitar que fuese un rincón en el que ocultarse los varones para sus necesidades fisiológicas.

Según un documento del A.M.T., fondo antiguo, caja 1999: «*Fray Antonio de..., procurador del monasterio de/ Santa Úrsula, digo que a las espaldas de la capilla/ Mayor donde está el Santísimo Sacramento,/ que cae a la calle, ay unos rincones de poca con-/ sideración, y en ellos se orinan y ensucian/ de manera que toda la pared se cala y en-/ moece, y traspasa al mismo altar mayor/ donde se frecuentan los sacramentos [expirituales]/ en tiempo llovioso y de invierno que/ hasta el altar... y con mucha in-/ decencia, y esto se remediaría con macizarse/ los dichos rincones, y enchillos y de ello nombre/ en perjuicio a V. S. ni a otra persona [más]./ Por tanto, a V.S. pido y suplico*

«En los siglos pasados, solo las clases privilegiadas podían optar a evacuatorios particulares»

«En 1642, la puerta de los Leones fue cerrada al disfrute de los viandantes por su exposición a ser ocupado su suelo por mucha suciedad»

mande se vea/ lo susodicho y visto... mande dar li-/ cencia al dicho monasterio para que los haga y re-/ medie, que en ello se hará justicia, la cual pido,/ etc. Fray Antonio de [orus]».

Sigue el documento aclarando los pros y contras de la petición, que fue atendida por los alarifes *«Juan Pérez De Risal, Baltasar Hernández, Juan de Orduña, Lázaro Hernández* (reverso del documento). *Monasterio de Santa Úrsula, en 28 de noviembre de 1616».*

En 1612 se pidió que se confeccionasen dos llaves nuevas y las guardaran el Arcediano de Madrid y el capellán mayor, procurando que estuvieran siempre cerradas las puertas, alta y baja del claustro de la catedral, y bajo su control, alegando por esto que *«no se usara la dicha escalera por los muchos inconvenientes que de ello se siguen, [...] inconvenientes que hay en que le habite gente moza, y los daños que a la fábrica y al jardín se* siguen, por las inmundicias que derraman desde lo alto y desde las ventanas que caen a la calle».

En 1642, la puerta de los Leones fue cerrada al disfrute de los viandantes por su exposición a ser ocupado su suelo por mucha suciedad. El sábado, 28 de junio de 1642, se acordó «por el Señor Deán que por las indecencias que se hacen y se cometen en la puerta de los Leones de esta Santa Iglesia, conferido sobre ello mandaron que se haga una reja para la dicha puerta y se ponga en los postes de los Leones. Ya desde 1612 se recomendaba al Deán encargado de la limpieza [...] procuren que la limpieza de las calles del circuito de ella, particularmente de la puerta de los Leones».

Claramente era una práctica habitual para muchos, bien por costumbre, bien por no tener otro remedio, lo cierto es que la ciudad estaba (y está) llena de manchas de muchas cosas, pero principalmente por el bolseo de desechos orgánicos. Madrugadas borrosas, orines humanos o tusos incontrolados por sus dueños.

Verbigracia: (AMT. Caja 2003). El 28 de diciembre de 1786, don Vicente Antonio López, maestro de agrimensor, vecino de Toledo y «el más inmediato a las puertas del Ilustrísimo Ayuntamiento», se queja de los muchos orines que los soldados de la guardia principal solían hacer en la plaza y rinconada y a la puerta de su casa, argumentando no poder irse lejos por estar obligados por la guardia y no tener donde hacerlo.

En aquellos tiempos debía de carecer el edificio del Ayuntamiento de tales servicios, que ni siquiera en la actualidad son, ni con mucho, suficientes para la cantidad de gente que los visitan, usando para tal fin (los pobres que no pueden aguantar más) la columna en el pasadizo, procedente del jardín de Caracena.

Otra: (AMT. Caja 2003) 24 de octubre de 1848. El celador del

«Un maestro de agrimensor, vecino de Toledo se queja de los muchos orines que los soldados de la guardia principal solían hacer en la plaza y rinconada y a la puerta de su casa, al no poder irse lejos y no tener donde hacerlo»

ciones columnas mingitorias para evitarlo...». La intención fue colocar dos en el centro de la plaza, por la proximidad al casino, y por no consentir el cura de San Nicolás que se colocaran pegadas a sus casas. El 26 de marzo de 1871 quedó puesta la columna (mingitoria).

Otra: (AMT.11,11,1722). Se cedió una rinconada a don Vicente Carrera en la calle de los Azacanes de ocho varas de largo por dos y media de ancho, a causa del muladar que se le formaba por culpa de los desechos de los vecinos.

Instalación de urinarios

Los primeros urinarios públicos que Toledo tuvo fueron los que a continuación describimos. Los documentos recopilados ayudan a ver y entender los momentos de salubridad en que Toledo se encontraba. Madrid ya tenía los suyos, no muchos años antes que Toledo, y allí no funcionaban mejor.

18/3/1859 (Oficio del señor gobernador de la provincia notificando al Ayuntamiento la toma de posesión):

«Se vio un oficio del Señor Gobernador de la Provincia, fecha 14 del actual, en la que noticia haberse posesionado del gobier-

Urinario de finales del s. XIX

depósito de quintos en el cuartel de la reserva: «Originaban abusos indecentes, orinándose sin rubor alguno cuando pasaban personas por la calle».

Otra: (AMT. Libro de actas) Los vecinos de la calle Nueva y de la plaza de San Nicolás se quejan de los malos olores «que con motivo de orinarse en varios puntos los socios del casino, y no habiendo en aquellas inmedia-

no de esta provincia para el que fue nombrado por Real decreto de 28 de enero último, ofreciendo a S.Y. su cooperación para cuantos asuntos del servicio público lo creyere conveniente: El Ayuntamiento quedó enterado y acordó se conteste a Su Señoría en los propios términos que lo verifique.

»El señor Alcalde hizo presente a la corporación que por el Señor gobernador de la provincia se le había manifestado lo indecoroso y hasta indecentes que se encontraban bastantes sitios de esta capital por falta de meaderos públicos, en cuya necesidad podrá reparar la corporación y reparar ponerse medio, haciendo se observe una exquisita policía en esta ciudad; por lo tanto, habiendo conferenciado con [su señoría] le ha parecido oportuno manifestarlo al Ayuntamiento para, si lo juzga conveniente, se establezcan meaderos públicos en los sitios y parajes que se crea conducentes. El comportamiento, conforme con lo manifestado por su presidente, acordó dar comisión a los Señores Muñoz y Villanueva para la adquisición de los meaderos que juzguen convenientes y necesarios a esta población, y verificado por la comisión de policía se designará y señalará los sitios para su colocación».

Carta del fabricante de los urinarios:

«Madrid, 30 de julio de 1859.

»Señor Alcalde Mayor de Toledo.

»Muy señor nuestro: Adjunto va el talón de siete meaderos completos que hemos remitido hoy al camino de Hierro con consignación, A.V.

»Con estas piezas se concluye el pedido de los veinte que V. tubo a bien el hacernos. A.S. Rogamos A. S. se sirva dispen-

«El señor alcalde hizo presente a la corporación que por el Señor gobernador de la provincia se le había manifestado lo indecoroso y hasta indecentes que se encontraban bastantes sitios de esta capital por falta de meaderos públicos»

Cuatro calles

sarnos el retraso que ha experimentado V. Estas piezas son muy dificultosas de moldear, y como una fatalidad nos han salido de la fundición muchas defectuosas, lo que nos ha impedido el cumplir antes con V».

El 16 de agosto se selló la entrega en el Ayuntamiento y se adjuntó al documento que se escribió el siguiente texto:

«Mediante a estar ya en esta capital los veinte aparatos urinarios encargados a Madrid, procedan a su colocación en los sitios convenientes; y para que pueda verificarse por medio de pública licitación, pase al arquitecto municipal afín de que fije las condiciones facultativas, poniéndose después por necesaria las administrativas o económicas a que se han de arreglar los licitadores en dicha obra. Alegre».

Continúa el documento y expone once condiciones para su

«Mediante a estar ya en esta capital los veinte aparatos urinarios encargados a Madrid, procedan a su colocación en los sitios convenientes»

colocación, lugar, zanjeo, materiales necesarios, utilización del mismo y número de aparatos. *«El arquitecto Ángel Martín. Toledo 18 de septiembre de 1859».*

La secretaria, cumpliendo con lo prevenido en el procedente decreto, forma las condiciones económicas y técnicas por las que se ha de regir el constructor. El remate de la obra se llevó a cabo el 30 de octubre de 1859, bajo mandato de don Rodrigo González Alegre, alcalde constitucional:

«Remate: En la ciudad de Toledo.

[...] Siendo las doce y media de este día, se reunieron en estas casas consistoriales los Señores de esta capital y Don Felipe Ortiz de Arriza, regidor síndico por ausencia del propietario Don Manuel Muro de la Hornilla, a efecto de celebrar el remate anunciado en este expediente, y habiéndose presentado varios interesados, entre ellos Ylarión Moraleda, hizo éste proposición en el tipo, a saber, por cada metro de atarjea cinco reales, y doce reales por cada colocación de cuba, apercibiéndose por primera, segunda y tercera vez el remate. No presentándose otro mejorante, se adjudicó por el Señor presidente este remate en favor del

Urinario que hubo junto a las escaleras del arco de la Sangre. (Foto: *Toledo Olvidado*)

señor Moraleda, quien le aceptó en debida forma, estando pronto a cumplir exactamente con lo que se previene en las condiciones que han servido para este acto, dándole su Señoría por terminado y previniendo se remita al gobernador para su aprobación, firmándolo con el rematador de que certifico [...]. Alegre, Felipe Ortiz, Hilario Moraleda y el secretario».

[...]

«Don Ángel Cosín y Martín, arquitecto del Ilustrísimo Ayuntamiento de esta Ciudad.

»Certifico: haber reconocido las zanjas que para la coloca-

ción de los aparatos urinarios se han hecho por el rematador Hilario Moraleda, y en su totalidad tienen de longitud sesenta y seis metros, treinta y cinco centímetros, según más detalladamente se expresa a continuación.

»Pla. de S. Vicente: 5,10 m.

»Pla. de los Postes: 24,5 m.

»Cobertizo de la Ciudad: 0,75 m.

»C. de la Plata: 0,75 m.

»P. del Ayuntamiento: 5,25 m.

»C. de la Misericordia: 3,00 m.

»C. de la Sinagoga: 2,60 m.

»Pl. de la Magdalena: 2,10 m.

»C. de la Plata: 0,75 m.

»P. del Ayuntamiento: 5,25 m.

»C. de la trinidad: 0,00.

»C. del Correo: 2,40 m.

»C. de San Marcos: 4,50 m.

»C. de la Feria: 7,40 m.

»Pl. de S. Juan: 6,00 m.

»C. del Barco: 2,50 m.

»C. de Santo Tomé: 3,50 m.

»C. de San Nicolás: 2,80 m.

»Pl. Concepcionistas: 3,20 m.

»Además, se han colocado diez y siete aparatos con sus correspondientes tablas. Y hallándolo todo con arreglo a las condiciones que sirvieron para el remate, doy la presente en Toledo, a veinte de marzo de mil ochocientos y sesenta. Ángel Cosín y Martín».

Los gastos fueron los siguientes:

«Por 76 metros y 35 centímetros a 5 reales: 381,7.

Por, 17 aparatos a 12 reales: 204.

Total: 585,75 reales».

Se pagó la cantidad el 22 de marzo de 1860.

El urinario más conocido, fotográficamente hablando, no está en esta lista. Se situaba en el arco de la Sangre. Tampoco todos los que se pusieron siguen instalados.

Por otro lado, en el libro de acta 29,1,1864-19, «*{Aparatos urinarios}*, se dice:

«Cumpliendo con lo que me ordenó, pongo en su conocimiento se ha terminado la construcción de la columna mingitoria en el centro de la plazuela de San Nicolás»

«A propuesta del Señor Presidente de la comisión de policía urbana, quedó dicha autorizada adquirir y colocar en los diferentes puntos de la ciudad doce aparatos urinarios, pagándose su importe del capítulo de imprevistos del presupuesto vigente».

En enero de 1867, documento «*{establecimientos de retretes públicos}*.:

«A propuesta del señor alcalde corregidor, acordó su Ilustrísima que se hagan los estudios necesarios y presenten con el oportuno presupuesto para el establecimiento de retretes en los sitios públicos que pareciesen más apropiados, con separación de hombres y mujeres, que puedan estar vigilados con seguridad y aseo, y en que se utilicen los cajones sobrantes que tiene el municipio sin destino, y perdiéndose en diferentes extremos de la población».

En años posteriores se siguieron instalando urinarios del mismo tipo, como denuncias de estas suciedades que hacían forzoso seguir con la política de colocar más aparatos mingitorios, como se dijo en 1871, en la calle bajada del Sacramento. Allí se concedió licencia para suprimir una rinconada donde se producía un foco de inmundicias, según el libro de actas 24/3/1871.

En el parte que dio el servicio facultativo de construcciones civiles nº 346, de 27 de marzo de 1871, se dio noticia de cómo iban las obras: «*Cumpliendo con lo que V.S. me ordenó en el mes próximo pasado, ponga en su conocimiento se ha terminado el día 26 del presente mes la construcción de la columna mingitoria en el centro de la plazuela de san Nicolás. Lo que comu-*

Urinarios de madera en Zocodover, hacia 1900. Foto: *Toledo Olvidado*

nico a V. S. a los efectos consiguientes [...]. Toledo 27 de marzo de 1871. El arquitecto Ramiro A. de los Ríos».

No todos los vecinos eran conformes a estos aparatos, al igual que el cura de San Nicolás, el administrador del hospital del Rey se queja del urinario puesto en la rinconada del callejón del Codo, pues afectaba gravemente a este establecimiento. El Ayuntamiento no atendió esta queja al ser muy necesario por la cantidad de personas que lo usaban.

M. García-Brazales cita que en 1889, en el paseo del Miradero, en una sesión celebrada en el Ayuntamiento se acordó colocar un urinario, además de otras cosas en estas fechas.

A lo largo de estos años, más de un siglo, se siguió usando este tipo de evacuatorio masculino, pues sólo ellos eran quienes tenían posibilidad de aliviarse de su necesidad.

En 1920 se escuchó la moción del señor Mateo en cuanto a colocar urinarios públicos en la plaza de Zocodover, que quizás con más detalles citaremos en otro momento. Sí cito, no obstante, otro urinario más instalado el mismo año en la cuesta de Santa Leocadia, *«por la mucha necesidad»*, dice en el informe.

Como dije al principio, en Toledo se puede advertir (como en otras ciudades), una gran cantidad de rinconadas achaflanadas con un caballón rematado en rampa. Esta forma supongo que será para evitar lo que en un principio se pretende: ser un vertedero viciado por malos usos. Se pueden ver en toda clase de edificios, principales o no, dando solución a algunos males higiénicos. En la actualidad, algo similar a lo de las rinconadas se debería colocar en esquinas, papeleras, farolas, árboles, puertas de casas o cualquier tipo de mobiliario urbano al alcance del menesteroso, ya sea tuso o no, dispuesto a pintar el sitio con sus excrementos y dejando un rosario permanente en el andar de cualquier persona que transite por las calles de nuestra ciudad, sólo o con su can, grande o chico, con sol o en los amaneceres después de una fiesta con excesos que fuerzan al festejante a dejar sus demasías a la vista el día entero, o parte de la semana, después de muchas pisadas, pues por muchos mangueros regadores que pasen, no dan abasto para tanta mancha inmunda, y mucho menos por los sitios no considerados de interés turístico.

Tomás Peces, el último gran Artista

PACO MAESO

Mis recuerdos de Tomás Peces se remontan a la adolescencia. Su porte orsonweliano, socarrón, pipa en mano cual marino de alta mar y mirada inquisitoria llena de ironía, escondían una sonrisa franca que abría las puertas a un mundo lleno de energía, conocimiento y alegría de sentirse pintor por encima de todo.

Probablemente hoy nos ocupa el último gran ARTISTA (con mayúsculas) que ha paseado por las calles del casco histórico toledano, a la altura de Arredondo o Guerrero Malagón. El tiempo dará o quitará la razón.

En sus animadas e interesantes conversaciones disertaba e instruía sobre su obra con la seguridad del que sabe el lugar que ocupa y hacia dónde se dirige. Su huella ha quedado para tiempos futuros en sus piezas de gran formato. En concreto, siete obras realizadas entre los años

1993 y 1994, destinadas a engalanar con su belleza el recorrido procesional del Corpus Christi, despertando la admiración de feligreses, turistas y curiosos. Por cierto, él mismo llegó a transmitirme su decepción por el gran esfuerzo realizado para finalizar dicho encargo y, según su parecer, las promesas incumplidas.

Tomás Peces llegó a la calle salmantina de la ronda de Sancti

Spiritus por amor. Ana, su mujer, fue modelo y musa. Cito tex-
tualmente las palabras que ella
le dedica: «*Me enamoré de unos
ojos verdes, unas veces tristes y
otras burlones. Quedé sorpren-*
*dida en nuestra primera cita, te
presentaste con una carpeta
bajo el brazo [...]. Yo nunca había vivido ese mundo de la pintura, fue una inusitada sorpresa para mí ver cómo en un trozo*

«Pintó toreros capote en mano o tras el burladero, picadores sin caballo al sol y pases de grandes figuras llenos de verdad»

de papel en blanco, a base de simples trazos, podían surgir unos sentimientos, una personalidad, un todo...».

De su contacto con las tierras charras quedó fascinado y atrapado por el mundo del toro y su lidia. Pintó toreros capote en mano o tras el burladero, picadores sin caballo al sol y pases de grandes figuras llenos de verdad. El torero Juan Pedraz, gran admirador, le sitúa en lo más alto del escalafón de pintores taurinos, junto con Eugenio Lucas, Vázquez Díaz o Casas.

Cambiando de tercio, quedo gratamente sorprendido de su amistad con mi amigo de juventud Antonio Lázaro, conquense de gran sensibilidad y cultura, el cual señala: «Ambos creíamos, o acaso señalábamos, en ese falansterio de escritores y pintores que prepensó Van Gogh, al precio de su salud física y mental».

Juntos crearon la revista *Cuaderno de Buzones,* de la que se editaron un par de números, uno dedicado a *La Celestina,* en el año se efeméride, y otro dedicado al gran Buñuel. También planearon y ejecutaron una exposición en el Colegio de Arquitectos, intercambiando textos pertenecientes al episodio del huerto melibeo, en el que los amantes se veían después de hacer el amor. Flores, copas de árboles, frutos y el murmullo de los arroyos, contemplaban sus encuentros.

Nuestro artista comenzó a exponer en el año 1962. Desde entonces, y a lo largo de su larga trayectoria, estuvo presente en salas y galerías de Salamanca,

Madrid, Colonia, Gijón, León, Toledo, Ámsterdam, Tokio...

En las colecciones de la entidad CCM, doña Inés Fierro (Madrid), familia Keller, don Doménico Airagui (Puerto Banús, Marbella), Diputación de Toledo, etc.

Tomás retrató a madres con niños en brazos, ancianas de luto, pescadores, paisajes, bodegones... y «toledos». Particularmente, siento especial atracción por sus lavanderas, con o sin puente romano al fondo, pero con una luz que me lleva hasta la película en la que el genial Almodóvar, con Penélope y Rosalía, y sendas cestas junto al río, hace que el espectador quede atrapado por la luz que reflejan las sábanas blancas al aire, como las casas encaladas de cualquier pueblo manchego, simulando las velas de barcos de un mar ausente.

Gracias, Tomás, por tu arte y sabiduría.

Historia Domini Quijoti Manchegui

MIGUEL ÁNGEL CÁNOVAS

Ignacio Calvo y Sánchez estuvo vinculado a Toledo en sus mejores años de estudiante, siendo en esta ciudad donde realizó su formación sacerdotal. En aquellos tiempos, segunda mitad del siglo XIX y primera del XX, cuatro arciprestazgos de la provincia de Guadalajara —Brihuega, Guadalajara, Pastrana y Tamajón— pertenecían a la Archidiócesis de Toledo. Un total de 110 pueblos, sin contar los anejos. Todos los aspirantes al sacerdocio pertenecientes a uno de esos arciprestazgos debían realizar su formación eclesiástica en Toledo. Es el caso del estudiante al que nos referimos.

Ignacio Calvo es el autor de una traducción del *Quijote* al latín macarrónico, con cuya expresión excedemos los límites de lo serio para traspasar lo humorístico. Esta palabra, de por sí, predice las más chuscas situaciones, cargadas del más chispeante humor que rezuma toda la gran obra uni

versal. Tantas cosas se han dicho de *El Quijote* que no parece que nada nuevo (en su tiempo) pudiera encajar en tan gran obra. Sin embargo, Ignacio Calvo da con la salida por la que pueden andar nuestros Quijote y Sancho sin desmerecer de un gran tercer centenario vivido en los comienzos del siglo XX.

No es mucho lo que tenemos de la vida de Ignacio. Sólo unos pocos datos sueltos.

Nació en Horche en 1864, población de Guadalajara que en el siglo XIX pertenecía al arciprestazgo de esta provincia y archidiócesis de Toledo. Después de realizar los primeros estudios en Guadalajara, se desplaza a Toledo habiendo conseguido una beca para cursar estudios eclesiásticos.

Aunque el seminario ya estaba fundado, los alumnos no disponían de un edificio que albergara al colectivo de estudiantes seminaristas. Habría de ser el cardenal Inguanzo quien comenzara las obras del edificio. Su conclusión e inauguración sería en 1889. Hasta ese momento los seminaristas recibían formación en distintos centros de estudios de la capital: convento de Carmelitas, colegio de Infantes, universidad de Santa Catalina, san Bernardino y colegio de Huérfanos de Santa Cristina. ¿En cuál de ellos se formó Ignacio Calvo? No lo podemos asegurar, aunque lo más probable es que fuera en el convento de Carmelitas, edificio más dedicado a suplir al seminario.

En 1888 se ordena sacerdote, seguramente de manos del cardenal arzobispo de Toledo don Miguel Payá y Rico. Este prelado, un año más tarde, inauguraría el ya concluido edificio del Seminario Mayor de San Ildefonso. Ignacio tuvo la parroquia de Alhóndiga como primer destino. Más tarde será nombrado arcipreste de Herrera del Duque.

Desde el inicio de su *Historia domini Quijoti Manchegui* da comienzo a los chascarrillos. Se asigna a sí mismo como «*curam misae et ollae*». Nada más lejos

de lo que entendemos por eso. Si repasamos su *curriculum vitae*, nos encontramos que gana por oposición una plaza al cuerpo de Archiveros Bibliotecarios; en 1901 fue destinado a la biblioteca de la Universidad de Salamanca; nueva oposición a conservador de la sección de Numismática del Museo Arqueológico Nacional en Madrid; compaginó estos trabajos con la enseñanza del árabe en la Universidad Central; participó y dirigió excavaciones arqueológicas en Tamanco, Osma y Clunia, cerro de Santa Tecla (Pontevedra) y algunas más. Fue también profesor de Numismática y Medallística.

Por lo que aparece en la carta-prólogo de la *Historia Domini Quijoti Manchegui*, Ignacio debió ser un crack de las travesuras con gracia. En ellas no le debió ir a la zaga su compañero, amigo y condiscípulo Manuel L. Anaya, autor de la referida carta-prólogo. Como suele decirse, «*Dios los cría y ellos se juntan*».

Pero hubo una travesura cuya autoría fue únicamente de Igna-

«*Desde el inicio de su* Historia Domini Quijoti Manchegui *da comienzo a los chascarrillos. Se asigna a sí mismo como* 'curam misae et ollae'. *Nada más lejos de lo que entendemos por eso*»

Ignacio Calvo Sánchez, traductor del *Quijote* al latín macarrónico.

cio, y no debió de ser nada graciosa, o simplemente se le fue la mano. No sabemos en qué consistió. No quieren decirlo ninguno de los dos. Ciertamente debió de ser gorda, pues la pena que llevó aparejada fue la pérdida de la beca, sin la cual se veía abocado a destripar terrones el resto de sus días. «*Pedí conmutación de tan gravosa pena —nos* dice—, *y accedieron a mi solicitud, sustituyéndola por la traducción de un libro de literatura clásica española al idioma latino»*.

Se decidió por la traducción del *Quijote*, pero echando mano de su vena socarrona, pues la seria, en aquellos sus años mozos, le hacía incapaz de tomar con sensatez un trabajo que le pudiera

«De cuyo nombre no quiero acordarme», Ignacio lo traduce: «Pro cujus nomine non volo calentare cascos»

durar más de media hora. Por ello utilizó un latín *sui generis* que hace despertar la risa, y aún la carcajada. «*Y tan acerté —nos dice—, que al terminar de leer el primer capítulo, el Rector, chascando de risa, me dijo: 'Sufficit, Calve, jam habes garbanzus aseguratum'* (sic)».

Con esta traducción, y otros papelotes del mismo jaez, hizo el joven seminarista un atillo que estuvo viajando de allá para acá, hasta que en 1905, tricentenario de la aparición de la primera parte del *Quijote,* con el fin de contribuir al esplendor de dicho tricentenario, recordó que el contenido del atillo podría contribuir al esplendor de tan brillante acontecimiento.

Desde los comienzos de la *Historia Domini Quijoti Manchegui,* se aprecia que la vía de humor que escogió Ignacio Calvo, el latín macarrónico, era el medio más adecuado para llevar a buen fin su penitencia. Y no son los fragmentos escogidos los que mejor dejan traslucir el humor con que está tratada esta obra. Cualquier otro pequeño fragmento podría servir al mismo fin sin desmerecer en nada.

«*De cuyo nombre no quiero acordarme*», Ignacio lo traduce: «*Pro cujus nomine non volo calentare cascos*». Y un poco más adelante, cuando enumera en qué gasta su hacienda, el jocoso seminarista traduce «*galgo corredor*» como «*et perrum galgum qui currebat sicut anima quae llevatur a diabolo*».

Cada vez más iba don Quijote abandonando sus actividades haciendo notoria su enfermedad. Sí, don Quijote estaba enfermo de impaciencia y necesidad de desfacer entuertos, poniendo su espada al servicio de las damas y menesterosos. Alimentaba su cerebro, cada vez más con lectura de libros de caballería: «*Non est dicendum tremendum batiburrillum formatum in suo calletre, qui quidem magis quam cerebrum humanum, videbatur espuertam gatorum pequeñorum. Totum quod in illis libris legebat, sicut amores, pendenciae, batallae, requiebri, etc., etc., intrabat in sua fantasia, et arraigabat tantum in illa, ut nulla historia erat plus vera quam illae tonteriae*».

Y tantas vueltas le dio al mundo de la caballería andante trans-

formada por él, que se creyó muy necesario: «*Et accidit quod rematatum totaliter judicium suum, empollavit in suo cacumine ideam tan extravagantem ut nullus locus soñaverat usque ad illum tempus*».

Cuando parecía tener todo preparado para comenzar su vida de aventuras, don Quijote ve que hay una falta que pone en peligro su salida: no tiene una dama a quien dedicar sus hazañas. El penado seminarista lo traduce de manera magistral: «*Tantum jam ita dispositum ut nihil videbatur restaret ad faciendum, nec in armis, nec in caballo, nec in se ipso, vidit cum magna desconsolacionem quod adhuc restabat rabum ad desollandum, id est, restabat buscare damam ad quam dedicasset amorem suum, quia caballerus andantis sine amoribus, erat velut arbol sine fructibus nec foliis, corpus sine anima, aut melius esqueletus sine carne*».

Después de caminar todo el día, don Quijote y Rocinante sintieron hambre, y, en consecuencia, una necesidad de satisfacerla:

«Desde los comienzos de la *Historia Domini Quijoti Manchegui* se aprecia que la vía de humor que escogió Ignacio Calvo, el latín macarrónico, era el medio más adecuado para llevar a buen fin su penitencia»

«Después de caminar todo el día, don Quijote y Rocinante sintieron hambre, y, en consecuencia, una necesidad de satisfacerla: «Veniente nocte, tantum tripae rocini quantum tripae caballeri refunfuñabant»

«Veniente nocte, tantum tripae rocini quantum tripae caballeri refunfuñabant ad invicem, petiendo respective pajam et panem, et Quijotus aspiciebat ad latum dextrum et sinistrum, qüaerens aliquam chozam vel castellum ubi ponere in práctica illum adagium: tripae ferunt pedes».

Llegan a una venta que don Quijote toma por castillo, al ventero por el castellano, y a dos mozas por doncellas. Ellas se prestan a desnudarlo de su armadura, y estando en esa faena vienen a su memoria unos versos del romance del Lanzarote del Lago:

Nunquam fuerat caballerus
per damas agasajatus,
sicut dominus Quijotus
de domo sua escapatus
nam doncellae curant illum
et princesae suum caballum.

Lo dramático, unido a lo jocoso, le da mucho juego al traductor. Así se aprecia en el capítulo III, cuando en la venta don Quijote vela sus armas para ser armado caballero. Don Quijote se enfrenta a dos arrieros que desconocen su estado mental:

«Oh tu, quisquis sis, audax caballerus qui pretendis tocare armas magis famosi caballeri andantis qui ceñivit gladium, vide quod facis, non tangas illas; nam si facis istud, hic dejavis vitam, in poenam tantae tuae audaciae.

»Arrierus fecit gestum displicentem, sicut dixisset: 'Tu importas mihi tria comina; et statim agarrans totum illum correajem arrojavit illud per terram, nihil curans verba Quijoti' (et melius fuerat quod curaret, quia ita curaverit se in salute).

»Videns noster aventurerus quod fecit homo recuae, elevavit oculos in coelum et ponens pensamientum in sua domina Dulcinea, dixit: 'Sucurre mihi, domina mea, in ista prima

afrenta, quae fit isto tuo pecho avasallato, mite ad me tuum auxilium in isto primo et dificili trance'. Et statim relinqüendo adargam, agarravit lanzam cum ambabus manibus et dedit arriero talem estacazum, quod derribavit eum in terra tan fero modo maltrechus, ut si dederit secundum golpem, non fuisset necesarium medicus qui curaret illum».

De camino a Puerto Lápice, don Quijote divisa a dos frailes de San Benito, un coche que trasladaba a Sevilla a una señora vizcaína, sus cincos sirvientes y dos mozos de mulas: «*Pene vidit Quijotus talem pelotonum caminantium,* dixit suo escudero: '*Aut ego sum engañatus, aut ista aventura debet esse plus famosissima quam vidit mundus, quia illi bulti negri que videntur debent esse aliqui incantatores qui llevant robatam alicui princesae in coche illo, et est precisum ut ego agotet fuerzas enderecet tamañum entuertum'.*

»Sanchus fijavit se in pelotonem ad quod amus aludebat, et ponens se manus in capite, dixit sibi metipso: 'Deus meus, quam chiflatus est tius iste'».

Muchos son los momentos en que se enfrentan el mundo ideal de don Quijote y el real de Sancho; el miedo de Sancho al que provocan ruidos en la oscuridad de la noche y la llamada a desfacer enturtos que siente Don Quijote, aunque se oponga a ello la oscuridad de la noche:

«*In momento isto, frigiditas mañanae, quae jam incipiebat, metivit se in intestinibus Sanchi et revolvens coenam diei anterioris, armavit in suo ventre unam tempestatem sine relampaguis, sed cum tronitos surdos, quos escuderus reprimebat apretando dentes et apretando oculi qui non videt lucem. Pauper Sanche! Qui faciet in tanto aprieto? Si apartat se de suo amo ad evacuandos residuos sui estomaqui, moriet de metu, nam*

Historia
Domini Quijoti Manchegui

Ignacio Calvo

Portada de una de las múltiples ediciones que se han hecho del libro.

golpes seqüebantur; si faciet sua apremiantem necesitatem, amus sentiet ruidum et odrerabit odorem pestilentem, quod quidem est magna descortesia; sed venter impellit, venter agitatur, venter tronat et veni momentum rumpendi hostilitates.

»Sanchus aflojavit cum magno sigilo trabas suorum calzonum, et desnudando suas posaderas (quae non erant chicas), pum, ratapum... pum!... fecit quod nullus, mortalius potebat facere pro illo.

»Sentiens Quijotus illum chubascum corporis, dixit tapando se narices cum pulgare et indice:

—Quid est rumor iste?

—*Nescio* —replicat Sanchus— *debet esse preludium novae aventurae vel desventurae.*

Et inter istud dicebat, aprovechavit ocasionem et soltavit suaviter restum sui stomaqui, loqüendo semper ad distraendam atencionem caballeri; sed iste qui habebat olfatum quasi de perro perdiguero, dixit escudero:

—*Tu es valde cochinus; nam fete et iste odor non est odor ambaris. Fuge a me tres aut quatuor passus, et habe cuentam non repetere istum quod est signum menosprecii.*

»*Escuderus, volens disculpare, dixit, inter ponebatur calzones:*

—*Ego non stercolavi.*

—*Tace, Sanche* —terminavit Quijotus—; *non parles, quia*

peior est menealla».

Ignacio Calvo traduce XLVII de los LII capítulos de que consta la primera parte de *El ingenioso hidalgo Don Quijote de la Mancha*», de Miguel de Cervantes. La edición de *Historia Domini Quijoti Manchegui* es del año 1966, en Madrid, en la imprenta de José Luis Cosano.

Concluye el autor con una PROTESTACIO RELIGIOSA ET LITTERARIA:

«*Omnia, quae in hoc volumini scripsit, libenter subjicio tan pastoribus fidei quam magistris litteraturae; ita ut si primi vident quidquid sapientem haeresi, peguent mihi cum baculo, et si alteri credunt me denigrare Cervantes, pinchent mihi cum pluma».*

Los primeros guías turísticos

Durante mucho tiempo, la actividad de los guías turísticos de Toledo no tuvo un carácter estable sino que era ejercida por multitud de espontáneos, la mayoría de ellos meros charlatanes sin formación ni conocimientos de historia y de arte, que sólo buscaban conseguir algunas monedas de los viajeros a los que asaltaban con una insistencia a veces exasperante. A pesar de ello, siempre había excepciones. Hacia mediados del siglo XIX, uno de aquellos guías, apellidado Cabezas, era el más popular de la ciudad, hasta

el punto de que resultaba bastante difícil contratar sus servicios, normalmente en las fondas y posadas de la ciudad, pues casi siempre se hallaba comprometido.

A comienzos del siglo XX empezaron ya a establecerse los primeros guías e intérpretes que ejercían su actividad de manera regularizada, con una formación adecuada al desempeño de su trabajo, y normalmente dominando uno o varios idiomas, frente a los todavía numerosos cicerones espontáneos a la caza del turista poco exigente que aún tardarían muchos años en ir desapareciendo.

El más conocido de aquellos primeros guías era Antonio Calzadilla, que tenía su oficina en la estación de ferrocarril y se anunciaba como *«único intérprete autorizado y ligado al Gobierno de Toledo»*. También había una mujer, Salud Hernández, cuñada del famoso fotógrafo Casiano Alguacil, que ofrecía sus servicios preferentemente a las damas, en la oficina que tenía abierta en el número seis de la calle del Comercio.

Fray Alfonso de Santo Domingo, un gobernador jerónimo en el Nuevo Mundo

ANTONIO MARTÍN SALAMANCA

Nació fray Alfonso en 1475 en Santo Domingo de Silos (hoy Val de Santo Domingo), territorio de Maqueda, donde había cuatro o cinco casas de labranza y una bajo la advocación de Santo Domingo de Silos. La población se hizo villa en el año 1664 con el nombre actual. Extramuros se encuentra la ermita de Santa Ana, propia de la Orden de San Jerónimo, bajo cuya advocación está el pueblo. También había allí un pequeño hospital para acoger a pobres y peregrinos y tenía ciertos lechos.

Los padres de fray Alfonso eran labradores y pronto marcharon a vivir a la cercana localidad de Novés.

Ingresó Alfonso en el monasterio de la Sisla, extramuros de Toledo, donde profesó. Fue prior del monasterio de la Luz, de Lucena del Puerto, Huelva, pasando después, también como prior, al monasterio de Nuestra Señora de la Victoria, en Salamanca, y finalmente al monasterio de San Juan de Ortega, en Burgos, todos ellos de la Orden de San Jerónimo.

Por indicación de los Reyes Católicos a los jerónimos, el general de la Orden mandó a fray Alfonso, junto con otros religiosos de la Sisla, a hacer las reformas de la Orden de Santiago en los conventos de Uclés y de San Marcos, en León (actual parador de turismo), entre los años 1499 y 1504.

Una vez finalizadas estas reformas, a gusto de los reyes, se enviaron las copias al papa Alejandro VI para que las confirmase, obteniendo la licencia en 1504.

Por disposición testamentaria del rey Fernando el Católico y consejo de sus privados, dejó como gobernador y regente de Castilla al cardenal Francisco Jiménez de Cisneros hasta tanto llegase a España el heredero de la Corona, el príncipe Carlos (futuro rey Carlos I de España y V de Alemania).

El cardenal Cisneros hubo de enfrentarse a muchos problemas durante su regencia. Ordenó enviar religiosos jerónimos a las Indias para que deshiciesen los

Cardenal Cisneros

«Como gobernadores jerónimos, les hizo entrega de poderes amplísimos para que, con la gran prudencia por ellos demostrada, llevaran a cabo diversas reformas»

agravios que padecían las gentes de los territorios colonizados y pusieran orden en infinitos asuntos, así como en las muchas carencias y agravios que sufrían. Junto con el obispo de Tortosa juzgó que los de la Orden de San Jerónimo eran religiosos píos para las cosas de la fe y la buena doctrina. Por ello dirigieron cartas al general de la Orden, fray Pedro de Mora, quien, con los demás principales religiosos, señalaron a tres que les parecieron a propósito para la misión encomendada en tan lejanas tierras.

Esta elección recayó en fray Luis de Sevilla, que era prior del monasterio de Santa María de Mejorada de Olmedo, en Valladolid; fray Bernardino de Coria, profeso del monasterio de San Juan de Ortega, en Burgos, y fray Alfonso de Santo Domingo, profeso del monasterio de la Sisla de Toledo, en aquellos momen-

tos prior del mismo monasterio burgalés citado.

Todos ellos fueron recibidos por Cisneros, de quien tomaron la bendición, y luego fueron a besar la mano y a presentarse de parte de la Orden de San Jerónimo. Cisneros los recibió amorosamente y les comunicó luego el negocio para el que los había llamado, y encomendándoles al Señor para que les alumbrara en la difícil misión que tenían por delante, les hizo entrega de los poderes amplísimos que, como gobernadores jerónimos, se les daban para que, con la gran prudencia por ellos demostrada, llevaran a cabo diversas reformas.

Estos poderes, concedidos por el cardenal Cisneros y por el obispo Adriano, les permitieron realizar una inmensa labor, entre la que se puede destacar la construcción de iglesias, hospitales y otros edificios públicos, además de proveer de tierras de labranza y almacenes de suministros en la isla de Santo Domingo y en las ciudades de Isabela, Fernandina y Yucatán, punta de la tierra llamada Nueva España, en Perú.

En estos poderes que ellos llevaban se hacía constar, por disposición de Cisneros: *«Así por la presente de nuestro propio motu y ciencia, y poderío real absoluto, confirmamos y aprobamos y hemos por bueno todo lo que los Padres Jerónimos en la dicha isla y Tierra Firme proveyesen y mandaren, así conforme a sus poderes é instrucciones como fuera de lo que en ella contenido, y mandamos que todo se guarde y cumpla como si nos mismo lo mandásemos y proveyésemos, so las penas que ellos pusieran. Y damos nuestra fe real de tener y guardar lo que dichos religiosos concertasen y asentaren».*

Tras cuatro años de intensa labor por el Nuevo Mundo regresaron nuestros religiosos sin traer riqueza alguna. Por entonces ya el cardenal Cisneros había muerto y el emperador Carlos V, que ya lo era en este tiempo de 1523, se dio por bien servido de ellos.

Y tanto fue así que nuevamente decidió enviarlos a las tierras descubiertas con otras misiones. Pero antes de que llegasen a España las bulas del emperador, llegó al cielo el alma de fray Alfonso de Santo Domingo, en el año 1548.

El monasterio de Nuestra Señora de la Encarnación de la Sisla, en Toledo, de la Orden de San Jerónimo, que es, entre los fundados el segundo en el siglo XIV, tiene también de muy antiguo el honor de haber producido hijos insignes que le han ilustrado mucho ocasionando en la religión el gozo y la gloria de su fe, reconociéndoles por tales la vida de lo legítimo de sus prendas y merecimientos.

Dos posibles verracos más en los muros de la iglesia de San Pedro de la Mata

ALEJANDRO VEGA MERINO

En el artículo anterior sobre verracos advertimos de la encrucijada de caminos en la que se encontraba la iglesia de San Pedro de la Mata. Su ubicación fue usada como ruta por los animales tras-humantes que buscaban los mejores pastos estacionales.

Observando bien el granito reutilizado en la conformación de sus distintos muros, enseguida nos damos cuenta de otras piedras con significados distintos al mam-

puesto natural. Los constructores, al tenerlas a la mano, las reaprovecharon en la construcción de los muros de esta iglesia.

El que puede ser un segundo vestigio de verraco, o quizás de otra deidad parecida, se encuentra empotrado entre el tapial que delimita lo que parece fue posteriormente un cenobio de monjas en el mismo lugar. Se trata de una piedra labrada de granito de color dorado que sobresale por el interior con una forma enigmática, y, sin embargo, se encuentra rasada hacia el exterior. Cuando sea estudiada más a fon-do por los arqueólogos, quizás pueda derterminarse que es un segundo suido.

Por otro lado, aparte del reaprovechamiento de materiales cercanos para la construcción del edificio, tras el deterioro que sufrió desde su abandono, parte de sus materiales se diseminaron por los alrededores y parte fueron reaprovechados en otro lado o allí mismo en diferentes reconstrucciones.

Por ello, el estudio de bloques de piedra que conforman sus muros, sobre todo los interiores entre ábsides, puede deparar muchas sorpresas.

Sobre la estructura de la iglesia quedó al descubierto otro hito que por su forma sospechamos pueda pertenecer a un suido. Se encuentra sobre el muro interior derecho, que media con el ábside principal a una altura aproximada de 2,5 m, exento por arriba y conjuntado a los lados por otras piedras pequeñas, según las fotografías presentadas.

Desde el ábside del lado derecho observamos parte de su papada y hacia el interior del ábside principal vemos el corte de su base, más ciertas líneas formeras, así como el comienzo de lo que pudo ser la cola, pero, sobre todo, la forma redondeada a lo largo de su lomo. Podríamos hallarnos ante un tercer verraco.

En San Pedro de la Mata, estas dos figuras y el toro estudiado en el artículo anterior han sobrevivido gracias a su reutilización como sillares, embutidos entre las paredes externas e internas del templo y en su recinto murado.

Todos ellos son vestigios en territorio toledano de región denominada Carpetania por los geógrafos griegos.

NOVEDADES EDITORIALES ▬▬

El **ya** de Toledo

Fulgor, pasión y muerte de un gran periódico provincial

ANA ISABEL JIMÉNEZ

Ficha técnica:
Título: El YA de Toledo: Fulgor, pasión y muerte de un gran periódico provincial
Autor: Ana I. Jiménez
P.V.P.: 20 euros

El diario YA de Toledo Fulgor pasión y muerte de un gran periódico provincial es el relato de la existencia del que fue el primer gran diario de la ciudad de Toledo en la democracia. Desde su primer número, que salió a la calle el 30 de noviembre de 1980, hasta su última portada, el 15 de junio de 1996, el *YA* fue un referente para la vida políticaa, social, económica y cultural de la ciudad de Toledo y su provincia, y contribuyó de forma notable a la creación de la identidad de la comunidad autónoma de Castilla-La Mancha.

A lo largo de sus dieciséis años de historia, el *YA* recogió los avatares de una sociedad que pasó del blanco y negro al color, que comenzó a sentirse protagonista como ciudadanos de derechos y que constituyó la mejor herramienta para contribuir al arraigo de la democracia en todo el territorio donde se distribuía.

El libro recoge los testimonios de muchos de los periodistas que trabajaron en el periódico, una importante colección de fotos, tanto de archivos personales, destacando las cedidas por la familia de Gabriel Carvajal, fotógrafo de *YA* de Madrid, como del Archivo Municipal de Toledo o de la Comunidad de Madrid, además de un código QR donde se podrán descargar algunas de las míticas portadas del diario *YA* de Toledo.

Obra ganadora del II Certamen de investigación 'Alfonso X el Sabio' sobre el patrimonio histórico y artístico de la ciudad de Toledo.

Ficha técnica:
Título: Toledo de tinieblas: Momias, emparedadas y cementerios
Autor: Luis Rodríguez Bausá
P.V.P.: 20 euros

Alguien dijo una vez que lo malo no es morirse, sino hacerlo sin haber vivido, y vaya si tenía razón. Confió en que a ninguno de los anónimos o conocidos personajes que serpentean por estas páginas les sucediera tal desgracia. Descansen todos en paz.

El libro tiene dos partes independientes. La primera trata de la enorme cantidad de restos momificados que hay en Toledo, donde se incluye un capítulo dedicado a aquellas mujeres llamadas enmuradas o emparedadas que tomaron la decisión de recluirse en celdas hasta su muerte. La segunda se ocupa de los espacios cementeriales de la ciudad, no siempre bien conocidos ni identificados.

Junto a todo ello aparecen algunos capítulos dedicados a noticias curiosas referidas a enterramientos y cementerios.

Incluye prólogo del arqueólogo Arturo Ruiz Taboada.

Esta obra ha sido la ganadora de la segunda edición del Certamen de Investigación sobre el patrimonio histórico y artístico de la ciudad de Toledo.

Ficha técnica:
Título: La incertidumbre de la certeza
Autor: Manuel Fern. de la Cueva
P.V.P.: 12 euros

La novela breve titulada *La incertidumbre de la certeza* narra la relación entre Rubens y su discípulo Van Dyck. Este novela, de carácter histórico, desentraña algunas de las inquietudes y los secretos de la relación entre el maestro y el discípulo.

Dirigida a un público joven, invita a que el lector visite el Museo del Prado y allí descubra el contenido de algunas de las obras mencionadas.

BOLETÍN DE SUSCRIPCIÓN

Si está interesado en suscribirse a la revista **Cuatro calles**, por favor, rellene este formulario y háganoslo llegar por correo electrónico a *info@editorial-ledoria.com* o por correo postal a *Editorial Ledoria, calle Fuente del Moro, 6, 45006, Toledo*

Nombre y apellidos / Entidad _____

Dirección _____

Código Postal _____

Localidad _____

Provincia _____

Correo electrónico _____

Teléfono _____

Deseo suscribirme a la revista **Cuatro calles** por un período de (marque con una **X** la opción elegida):

Suscripción 4 números por un total de 22 euros ☐

Números atrasados, 5 euros (indique cuáles) ☐ ☐ ☐

* Los gastos de envío están incluidos

El pago se realizará mediante ingreso o transferencia a la cuenta que le transmitiremos al recibir su solicitud o por Bizum.

En ningún caso se destinarán estos datos a otros fines que no sean los de recibir las publicaciones reseñadas, ni se entregarán a terceros, de acuerdo con los principios de protección de datos de la Ley Orgánica 15/1999 de 13 diciembre, de regulación del tratamiento automatizado de los datos de carácter personal.

Publicación del próximo número: A partir del 1 de septiembre de 2024